キホンのキ

指導計画作りに役立つ
心の発達のみちすじ表

年間指導計画作りでは、1年間の子どもの発達を見通すことが大事です。とりわけ、気にかかるのは、心の発達。そこで、心の育ちを見通せる一覧表を作りました。

		0～3か月	4～5か月
		●首が据わりはじめる	●寝返りをする
認知		●手や足を動かすなどして、心地よく快適な動きを繰り返す。 ●吸てつ反射を経て、自分の手や指を吸い、指をしゃぶって、自分の体を少しずつ知っていく。 ●自分のこぶしを顔の上で動かしながらじっと見つめる（ハンドリガード）。	●偶然におもちゃにふれて、音が出ることに気づくと、その楽しさを再現するために繰り返す（動機の芽生え）。 ●物を布で隠すと、布を手で払って物を探そうとする（物の永続性がわかりはじめる）。
コミュニケーション	愛着	●だっこされて安心する。 ●なだめられて泣きやむ。 ●保育者を目で追う。	●知っている人には笑いかけ、知らない人はじっと見る。 ●「いない いない ばあ」など、あやされることを喜ぶ。
	言葉	●泣き声以外の声を出す（クーイング）。	●喃語が活発になる。
自我		●保育者の表情をじっと見る。 ●「いない いない ばあ」に、声を出したり、手足を動かしたりして応える。	●自分から笑いかける。 ●目当てのおもちゃに手を伸ばす。
社会性		●保育者をじっと見る。 ●ほかの子どもに気づく。	●ほかの子どもの顔をしげしげと見つめるようになる。

6〜11か月	1歳〜1歳3か月	1歳4か月〜1歳11か月
●はいはいで移動する	●歩きはじめる	●しっかり歩く
●自分の目的のために、意図をもっておもちゃを動かそうとする（問題解決の芽生え）。箱の中のチェーンを取ろうと箱の中に手を入れる場面もその一つ。	●意図したこととは違うことが起きたことに気づいたとき、自分の目的のために応用する（問題解決の応用の芽生え）。棚の奥にある車のおもちゃに手を伸ばすが届かない。ふとしたことで下の布が動くことに気づき、引っ張る。	●身近な大人がしていたことを思い出し現しようとする（延滞模倣）。●人形を赤ちゃんに見立てて食べさせかせたりする（象徴あそび）。●イメージの中で修正しながら、よりり方を頭の中で見つけようとする。手が届かない人形を取るために、これ経験から、「椅子を使えば手が届く」なの中でイメージするようになる。
●知っている人にほほえむ。●見慣れない人に対して不安そうにしたり、泣いたりする（人見知り）。●保育者との間で、物や人を共有しはじめる（三項関係の成立）。	●特定の保育者や大人の後追いをする。●身近な大人との愛情豊かな経験を基盤に、人形に愛着を感じ、だっこしたり、かわいがったりする。	●保育者の表情やしぐさを模倣して楽●保育者に手伝ってもらいながらでき増えるのがうれしく、信頼感が増す。
●感情を伴った喃語を言う。●保育者や保護者が言う簡単な言葉を理解する。	●意味をもつ喃語を言う。●喃語が減ってくる。●指さしが盛んになる。●意味のある言葉を言う（初語）。	●言われたことを理解する。●言葉で要求を伝える。●二語文を言う。
●鏡の中の自分に気づく。●ティッシュボックスなどに興味をもって、中からティッシュペーパーを引っ張り出す。	●自分で食べようとする。●着替えに協力して、手足を動かす。	●自分の思いを受け止めてもらえな●自分でできることが増え、自信をも
●見慣れた子どもにほほえみかけることがある。●保育者とのやり取りあそびを喜ぶ。	●保育者と楽しんでいたあそびをほかの子どもともする。●ほかの子どもの行動を読み、あそんでいるおもちゃなどを取られないように警戒する。	●ほかの子どもと同じことをしたりイと手を振ったりして、ほかの子識するようになるなど、気持ちのられる。

	2歳〜2歳11か月	3歳〜3歳11か月	
	●走ったり、跳んだりする	●三輪車をこいだり、ケンケンしたりする	
して、再たり、寝的確なや	●積み木を高く積む、パズルボックスの穴に合わせてパーツを入れるなど、視覚と触覚を使って、形の特性を理解したり、認識したりする。 ●3色程度の色を認識するようになる。 ●あそびのイメージを共有しながら、平行してあそぶ。	●絵の全体像を記憶することができ、パズルに集中する。 ●駐車場ごっこなどで、記憶を頼りに、構成し、再現してあそぶ。 ●レストランごっこなどで、「お客さん」に合わせてストーリー性のあるあそびを展開する。 ●数と量の概念が育ち、簡単な数であれば数えられる。	認知
む。ることが	●「いや」「じぶんで」と主張する一方、スキンシップを求めて愛着の再確認をする。	●自尊感情を得ることで、自分の思いを大切にするだけではなく、相手の思いにも気づき、安心できる仲間関係を築く。 ●不安なときや体調が悪いときは、保育者に甘えて安心しようとする。	愛着 / コミュニケーション
	●要求や意思を言葉で話す。 ●自分のことを名前で言う。 ●「これはなに？」という質問が増える（第一質問期）。 ●語彙数が増える。	●絵本の言葉のリズムを楽しむ。 ●自分の気持ちを言葉で表現する。 ●「なぜ？」「どうして？」の質問が増えてくる（第二質問期）。	言葉
とおこる。つ。	●自我が強く出て、物の取り合いなど、子ども同士のぶつかり合いが多くなる。	●自分で納得して行動しようとする。 ●自分の気持ちを主張して相手とぶつかるが、ゲームの勝ち負けなどでルールを受け入れることもできる。	自我
バイバどもを意共有も見	●保育者と1対1のあそびを充実できた子どもは、その安心感を基盤に、保育者の手助けを得ながら2〜3人の友達と一緒にあそび、楽しさを共有する。	●友達と空間やイメージを共有する。 ●仲間への関心が高まる。 ●自分の役割を意識してあそびを楽しむ。 ●一緒にあそぶ相手の気持ちを考えようとする。 ●友達の歩調に合わせて電車ごっこをする。	社会性

0.1.2歳児
愛着関係を はぐくむ保育

40の事例を通して考える

帆足暁子・著

Gakken

はじめに

「思いやりの発達」を研究してきた中で、いかに乳児期からの安定した愛着関係が大切かということを保育園の子どもたちから教えられてきました。

その後、保育現場の保育者との事例研究会や、小児科／精神科のクリニックで心理士として親子にかかわる中で、その思いは強くなっていきました。なぜなら、問題行動があるといわれた子どもたちは、安定した愛着関係がないために不安が強く、安心したいのに、愛されたいのに、適切な方法がわからずに葛藤している姿が問題行動となってしまっていたからです。それだけではなく、わが子を虐待してしまう人、リストカットを繰り返す人、自信がもてずにひきこもりになってしまう人、自殺未遂を繰り返してしまう人も、心に抱えているのは「愛されない不安」であり、「ありのままを愛されたい」という切実な願いでした。そして、ほとんどの人が乳幼児期にSOSのサインを出していました。

一方、保育者との事例研究会では、子どものSOSに気づいているのに、集団保育の場で個別にかかわる難しさに日々疲弊していたり、問題行動と捉えられてしまう子どもの行動が、実は子どものSOSであることを直感ではわかりながらも、言葉で説明できずに忸怩たる思いを抱えられている現実にも気づかされました。

　恩師の平井信義先生*は「現場で学んだことは現場に返しなさい」とよく話されていました。これまで私が教えられたことを、愛着を求めている子どもたちと、応えたい保育者をつなぐことに少しでも役立てられたらという思いがこの本になりました。子どもが、人生の初期に初めて出会う専門家である保育者の方々に、子どもの愛着関係の意義について理解していただき、現場で実践できるヒントとして活用していただければと思います。

　今、日本の子どもたちの1／3が安定した愛着関係をもてていないと言われています。そのうえ、子どもたちが生活する社会は、相対的貧困、教育格差、自然災害、世界情勢の変化など、不安な状況になっています。

　この本を通して、不安なことがあっても愛着者にいつでも守られているという安心感を心にもって、未来を楽しく生き抜いていく子どもたちが育つことを願っています。

　最後に、中村美也子さんという保育に造詣の深い編集者と出会わなければこの本は生まれなかったと思います。中村さんに感謝です。

2019年春
帆足暁子

＊平井信義（ひらいのぶよし　1919－2006）／医学博士。大妻女子大学名誉教授。母子愛育会愛育研究所所員を経て、お茶の水女子大学教授、大妻女子大学教授を歴任。ウィーン大学でハンス・アスペルガー教授に学び、自閉症を研究。『自閉児の保育と教育』（教育出版）、『「心の基地」はおかあさん』（新紀元社）、『意欲と思いやりを育てる』（中央法規出版）など著書多数。今も高い支持を得ている。

0.1.2歳児 愛着関係をはぐくむ保育
40の事例を通して考える

もくじ

はじめに ……… 2

カバー写真
10か月の女の子。散歩先の公園で何かを見つけました。ちょうど小さな物をつまみたくなる時期です。そばで様子を見守っていた保育者の手に渡そうとしています。
「いい物を見つけたのね。よかったね」と語りかける保育者に応えるように、保育者の手のひらに載せた物を指さしています。
子どもが渡したかったのは、物だけではなく、見つけたうれしさだったのかもしれません。

愛着関係のキホン ……… 7

「愛着」って、なあに？ ……… 8
「愛着」とは安心できる関係 ……… 8
愛着関係をはぐくむためのキーワード ……… 9

非認知能力と愛着関係はつながっているの？ ……… 12
非認知能力と愛着関係のつながり ……… 12
「あきらめない心」の育ちとかかわり ……… 13
感情を調整するプロセスとかかわり ……… 18

 **プラスワン** 非認知能力につながる「思いやり」 ……… 24
「思いやり」の基盤は人とつながる心地よさ ……… 24
愛着と社会性 ……… 24
思いやりをはぐくむために ……… 25

子どもの姿から考える①
ありのままを受け止める ……… 29

泣き・ぐずり ……… 30
3つのチャンス ……… 30
「泣き・ぐずり」の主な姿と愛着関係の形成 ……… 31
ケーススタディ 1〈0歳代〉泣いている原因がよくわからない ……… 32
ケーススタディ 2〈0歳代〉激しく泣く ……… 33
ケーススタディ 3〈1〜2歳代〉場面切り替えでのぐずり ……… 34
ケーススタディ 4〈1〜2歳代〉かんしゃく ……… 36

反抗 ……… 38
3つのターニングポイント ……… 38
「反抗」の主な姿と愛着関係の形成 ……… 39

- ケーススタディ 1 〈0歳代〉保育者への怒り ……… 40
- ケーススタディ 2 〈1歳前半〉「ひとりで！」 ……… 41
- ケーススタディ 3 〈1歳後半～2歳代〉相反する気持ちと言葉 ……… 42

甘え ……… 44
3つのキーワード ……… 44
「甘え」の主な姿と愛着関係の形成 ……… 45
- ケーススタディ 1 〈0歳代〉甘えを我慢している？ ……… 46
- ケーススタディ 2 〈1歳代〉きちんと甘えた経験がない ……… 48
- ケーススタディ 3 〈2～3歳代〉急に甘える ……… 50

ワンポイントMemo 現場の試み ……… 52

子どもの姿から考える②
子どもの心に寄り添う ……… 53

「不安」に寄り添う ……… 54
キホンを押さえる 「不安」って、なあに？ ……… 54
- ケーススタディ 1 〈1歳代〉分離不安の期間が長すぎる ……… 56
- ケーススタディ 2 〈1歳代〉募るいらいら感 ……… 58
- ケーススタディ 3 〈2歳代〉「みんなとちがう」不安感 ……… 60

「こだわりをもつ子」に寄り添う ……… 62
キホンを押さえる 「こだわり」って、なあに？ ……… 62
- ケーススタディ 1 〈0歳代〉特定の保育者へのこだわり ……… 64
- ケーススタディ 2 〈1歳代〉どんなときも赤いブロックを手放さない ……… 66
- ケーススタディ 3 〈2歳代〉自分が座る場所へのこだわり ……… 68
- ケーススタディ 4 〈3歳代〉好きな友達へのこだわり ……… 70

「葛藤する子ども」に寄り添う ……… 72
キホンを押さえる 「葛藤」って、なあに？ ……… 72
- ケーススタディ 1 〈0歳代〉じっと見ながら大泣き ……… 74
- ケーススタディ 2 〈1～2歳代〉「いやいや期」真っ最中 ……… 76
- ケーススタディ 3 〈3歳代〉リズムあそびでの葛藤 ……… 78
- ケーススタディ 4 〈3歳代〉ルールのあるあそびでの混乱 ……… 80

ワンポイントMemo 新年度の子どもと保護者の愛着関係 ……… 82

保育者からのかかわりを考える ……… 83

「だっこ」をめぐるあれこれ ……… 84
- case 1 〈0歳代〉「だっこを嫌がる」……… 84
- case 2 〈0歳代〉「ずっとだっこしているつもり？」……… 86
- case 3 〈1歳代〉「だっこしているけれど、しっくりこない」……… 88
- case 4 〈2歳代〉「だっこしているのに、満足してくれない」……… 90

保育者が困らない子 ……… 92
- case 1 〈0歳代〉「おとなしい赤ちゃん」……… 92
- case 2 〈1歳代〉「いつもにこにこ誰にでもくっつく」……… 94

かかわりを迷う場面 ……… 96
- case 1 〈0歳代〉「ラックがいいのかな？」……… 96
- case 2 〈0歳代〉「反応が弱い」……… 98
- case 3 〈1歳代〉「ほかの子に攻撃的」……… 100
- case 4 〈2歳代〉「よむ！」と膝に座る ……… 102

ワンポイント Memo　いつも機嫌がよくない子を育てる保護者への支援 ……… 104

子どもの不調と愛着 ……… 105

- case 1 食べない ……… 106
- case 2 腹痛 ……… 108
- case 3 チック症 ……… 110
- case 4 性器いじり ……… 112
- case 5 おねしょ ……… 114
- case 6 昼間頻尿（ちゅうかんひんにょう）……… 118
- case 7 指しゃぶり ……… 120
- case 8 吃音（きつおん）……… 123
- case 9 夜驚症（やきょうしょう）……… 126

愛着関係の
キホン

「愛着」という言葉から、
どんな姿をイメージしますか？
ここでは、「愛着」や愛着関係の大まかな内容と、
理解のためのキーワード7つを紹介します。
また、今、注目されている「非認知能力」との
関係も取り上げます。

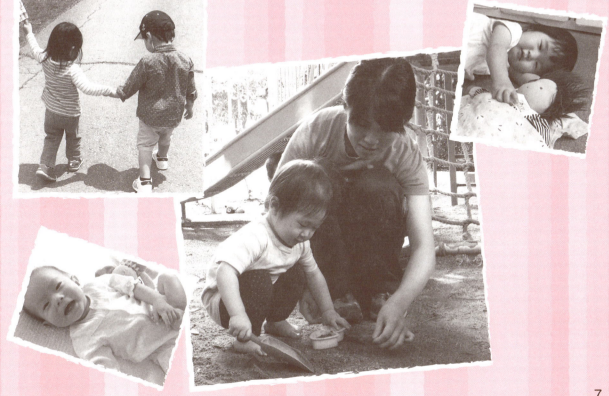

「愛着」って、なあに?

「愛着」は、イギリスの児童精神科医であるボウルビィ（Bowlby.J）が提唱しました。
どんなことを「愛着」と呼ぶのでしょうか。
「愛着」の概念や、愛着関係をはぐくむためのキーワードを紹介します。

「愛着」とは安心できる関係

　人は、生まれたそのときから、自分を守ってくれる人との間で安定した穏やかな関係を求めます。年齢を問わず、その根底にあるのは、「安心感」です。愛着とは、「不安で困ったり、怖くて危機的な状況になったりしたときに、抱き締めてもらったり、慰めてもらったりすることで安心できる」ことです。言い換えれば、「不安」を「安心」に変えてくれる、ほっとするような感じです。

　この「愛着」の具体的なものが、子どもの「心の基地になる特定の人」です。「特定の人」は、子どもにとっていつも世話をしてくれる人であり、安心感を得られる「愛着者」になります。子どもは安心感を心の基地として、「愛着者」に見守られながら外の世界にかかわりはじめます。それが左下のイラストです。でも、外の世界では不安や怖さ、悲しさなどに出会います。不安になった子どもは、安心感を求めて心の基地である「愛着者」に戻ってきます。それが右下のイラストです。子どもは、「愛着者」に支えられながら、イラストのように「安心」と「不安」の間を行ったり来たりしながら生活しているのです。

愛着関係のキホン

愛着関係をはぐくむためのキーワード

キーワード1　丸ごと受け止めてもらう（0歳〜）

　例えば、入園当初。子どもは、新しく自分を取り巻いている人や物、すべてに対して、わけのわからない不安や怖さを感じています。また、愛着のある人（保護者）が離れていく姿や見えなくなることに不安を感じている子もいます。そういういろいろなぐちゃぐちゃした気持ちを「わかっているよ。大丈夫、大丈夫」と受け止めてくれる人の存在を感じることが、安心感につながっていきます。

　このとき、大事なことは、「子どもに何も求めない」ことです。泣いている子を泣きやませようとすると、子どもは、「ここはいやだ」と泣いて訴える自分を受け止めてもらえないことを、敏感に感じてしまいます。「嫌だね、ママがいいよね」と、子どもを丸ごと受け止めることが愛着関係を育んでいく最初の一歩となります。

キーワード2　安心と不安は車の両輪（0歳〜）

　新しい環境に安心しはじめると、子どもは探索活動を始めます。探索活動とは、好奇心をもって、自分の周りの世界とかかわりをもつことです。探索をすると、わけがわからない不安なことに出会います。こういうときの子どもを支えているものが、安心させてくれる人がいるという実感です。この安心感があるから、子どもは再びどんどん自分の世界を広げていくのです。子どもが自分の力で周囲に取り組んで発達していくには、安心と不安のどちらもが車の両輪のように必要不可欠なのです。

キーワード3　主張を受け止めてもらう体験（1歳頃〜）

　1歳頃から始まる、子どもの「○○したい」「○○はいや」といった主張は、ほかの誰でもない自分を意識する「自我」の芽生えの表れです。芽生えた自我を大事に受け止めていくことがこの時期の子どもの愛着を保障することなのですが、実際には困る場面になることが多いので、芽生えてきた自我を「だめでしょ」といった言葉で抑えるような対応をしていることがあります。自分の思いや要求を主張していいんだという体験が、ありのままの自分を丸ごと保育者が守ってくれるという安心感へとつながります。

キーワード4 一緒に考えてもらう体験（1歳頃〜）

　自分でやりたいことがいっぱい出てくる子どもたちですが、ほかの子が「やだー」と貸してくれないとか、取られてしまうとか、自分の思うとおりにはいきません。そんなとき、保育者から「だって、今、○○ちゃんが使っているでしょ？」と説明されても、子どもの気持ちは悲しいままです。だからといって、保育者が「嫌だね。悲しいよね」と共感しているだけでも先に進めません。

　子どもにとっては、保育者が「どうしたら、悲しくなくなるかな」と、悲しい気持ちを受け止めながら一緒に考えてくれることが、安心感につながります。「あのおもちゃがほしい」と言う子どもに、「わかった。じゃあ、ほかにないか探しにいこう」と応えるのでも構いません。自分と同じ気持ちになって、一緒に行動してくれる人がいるというメッセージを伝え続けていくことが大切です。

キーワード5 自己信頼感（1歳後半〜）

　保育者との間で安定した愛着関係を築いた子どもの気持ちは、どんどん外の世界に向かっていきます。ほかの子が持っているおもちゃが気になって取りにいったり、保育者と楽しんでいたあそびを思い出し、近くにいる子とやってみようとしたりするようにもなります。ただ、最初のうちは、自分の気持ちを一方的に表現するので、取り合いのけんかになったり、勢い余ってほかの子を押し倒してしまったりと、いろいろなことがあります。そうした場面で大事なことは、保育者が、子どもの取った行動に対して、「あのおもちゃが欲しかったのね」「○○してあそびたかったのね」と、子どもの気持ちをまず受け止め、認めていくかかわりです。なぜなら、自分のありのままの気持ちを受け止めてもらえた子どもは安心し、自己信頼感がもてるようになるからです。自己信頼感とは「じぶんはこれでいい」という自信です。保育者が子どものありのままの行動を否定せず、気持ちを受け止めようとするかかわりが、自己信頼感を高めていくことにつながります。

愛着関係のキホン

キーワード6
葛藤を支える体験
（2歳頃〜）

　2歳くらいになると、子どもはさらに「いやなことはいや」といろいろな場面で反抗してくるし、また、「いっしょにねて」と甘えてくる場面も増えてきます。この二つは、まるで違う場面ですが、根底にあるのは、「どんな自分でも受け止めてほしい」という願いです。特に、「いやだ」と反抗し、自分でもだんだんエスカレートして、止めることができないいらいらした気持ちをぶつけてくるとき、子どもはぶつけながらも、大好きな保育者に嫌われることをしていると思ってしまいます。だから、反抗しながらも不安になって、その後すごくスキンシップを求めて、まるでさっきとは正反対のような訴えをしてくるのです。保育者は、そうした子どもの両極端な葛藤をきちんと理解して、受け止めていくことが大事です。

　2歳後半頃になってくると、できることがだんだん増えてくる一方で、どうしようかと逡巡するような場面も見られるようになります。まだ、自分の気持ちを丁寧に言葉で表すことは難しい年齢なので、子どもが発しているボディランゲージをちゃんと受け止めて、子どもの気持ちにぴったり合った言葉をかけていくようなかかわりが大事です。
　例えば、はじめてプールに入る日。子どもの様子はさまざまです。足は入れたものの、「はいりたいけれど、こわいなあ」と迷っている思いを全身で表している子もいます。そんなとき、「ちょっとドキドキするよね。先生と一緒に入ってみる？」と言葉をかけられることで、子どもの不安感は和らぎ、安心感が膨らむのです。

キーワード7
ボディランゲージ
（2歳後半〜）

非認知能力と愛着関係はつながっているの?

平成30年に施行された保育所保育指針で、注目を浴びている「非認知能力」。
実は、0・1・2歳児期にはぐくまれる愛着関係と深いつながりがあります。

> **Memo** 非認知能力
>
> 非認知能力(非認知スキル)は、IQ(知能指数)などで数値化される認知能力と違って、目には見えにくいものです。これまでも保育所保育指針の中では「心情・意欲・態度」を大切にすることが明示され、非認知能力を育む保育は実践されてきました。具体的には、目標や意欲、関心をもち、粘り強く(あきらめない心)、仲間と協調して取り組む姿勢(感情を調整する)などを指し、「学びに向かう力」とも表現できるものです。OECD(経済協力開発機構)では、「社会情動的スキル」と表現されています。

非認知能力と愛着関係のつながり

あきらめない心 (p.13〜)

非認知能力の基盤となるものが「愛着」、つまり「安心感」です。安心感が自分の心の中にあるからこそ、いろいろなことに興味をもち、確かめてみようとできるのです。不安な気持ちでは、「○○してみたい」「△△をやってみよう」といった意欲は育ちません。意欲が育たないと、「できた」という達成感も、「やりたいと思ったらできる自分」という自己肯定感も育ちません。達成感や自己肯定感を積み重ねて、「やってみたらできるはず」という気持ちを獲得するからこそ、あきらめない心が育つのです。

感情を調整する (p.18〜)

「感情を調整する」ことも、非認知能力の一つです。「感情を調整する」ことで、相手に譲ったり、貸したり、助けたりすることができるようになり、仲間と協調して取り組むことができるようになります。それには、まずは、自分の感情を調整してもらう体験が必要となります。それは、言い換えれば、ありのままの感情を表出し、受け止めてもらえる体験ともいえます。まさに「愛着」です。

愛着関係のキホン

「あきらめない心」の育ちとかかわり

0歳前半

「泣くと気づいてもらえる」という実感

不快から快を経験する中で

「あきらめない心」の育ちにつながる達成感や自己肯定感の土台は、0歳から少しずつ育まれていきます。最初の頃は、保育者と子どもが互いに働きかけを重ねる中で絆を育んでいくことから始まります。

赤ちゃんが泣く理由で一番多いことは、空腹（不快）感です。おなかがすいて泣いたら、保育者が気づいて授乳してくれて、「よかったね。おなかいっぱいになったね（快）」と共感して言葉をかけてくれたという経験を繰り返す中で、泣けば応えてくれるという実感をもつようになります。この実感が、〝自分の発したサイン→応えてくれる保育者→サインを発して快の状態になる〟ことを経て、〝自分はサインを出していい〟という自分を信頼することにつながっていきます。

記憶されていく実感や経験

ですから、逆に、もし、泣いても応えてもらえないことが続いてしまうと、子どもの心には「何をしても誰も応えてくれない」という実感だけが膨らんでいくことになります。そのため、泣くという自分のサインも「これでいいのだ」という自信がもてず、人を求める気持ちや関心も弱くなり、泣くことすらしなくなっていきます。

一方、赤ちゃんの頃にだっこされて安心した経験は、子どもの中にしっかりと記憶されます。この記憶が、その後、だっこされたときにもよみがえり、再び安心感をもたらし、強い安心感や愛着関係の形成につながります。ですから、乳児期（0歳代）の泣きへの気づきは、とても大事な一歩なのです。

「あきらめない心」の育ちとかかわり

0歳後半〜1歳頃

「またやってみよう」と思う手応え

歩行の前のしりもち

例えば、歩きはじめる前段階として、子どもは、一人で立ち上がってはどしんと大きくしりもちをつくことを繰り返します。不安定な姿勢で立ち上がり、派手にしりもちをつく様子に、つい「危ない」と声をかけてしまいがちです。そうした配慮も大事ですが、いつも「危ない」と止められてしまうと、子どもは自分の行為に自信がもてなくなってしまいます。

子どもが安心する言葉かけとは

そうではなくて、しりもちをつく姿に合わせて、保育者が「どっしーん」と言葉を添え、「頑張ったね。もう少しだね」と声をかけてくれたら、どうでしょうか。子どもは「これでいいのだ」と安心し、「もう1かいやってみよう」と再び立ち上がるでしょう。そして、この繰り返しが安定した立位から歩行へとつながっていきます。

子どもにとって大事なことは、「立てるか、立てないか」ではなくて、一人で立とうとする自分に共感してくれる保育者の存在を感じることです。そのことが、「あきらめない心」の芽となり、子どもの中に根付いていきます。

1歳前半

「なんでもできる」という万能感

「できる」を経験する

一人で歩き、一人で食べるようになるなど、できることが増えていく中で、子どもは「なんでもできる」という万能感をもちます。この万能感のもとで、自信をもって、意欲や興味を膨らませていくことは、生きるうえでとても大切です。だから、この時期は「できる」自分をたくさん経験することが大事であり、できるうれしさに共感してくれる保育者の存在が必要となります。

万能感の後は「できない」が待っている

でも、その一方で、万能感は、いずれ崩されるべきものでもあります。この後に続く1歳後半頃から表れる第一反抗期では、「できない」ことにぶつかります。それまでの万能感とのギャップは、子どもの心にさまざまな葛藤をもたらしますが、次の有能感が「あきらめない心」につながっていくのです。

愛着関係のキホン

1歳後半

「いまはできないけれど、いつかはできるはず」という有能感

全身で反抗する子どもたち

いろいろなことができるようになる一方で、次から次へと「できない」ことにぶつかる子どもたち。保育者からの手助けを拒否し、指示に対して「いや！」「じぶんで！」と反発します。「第一反抗期」の象徴的な姿です。この時期に、今はできないけれど、あきらめないでいられることが、「あきらめない心」を育む大きなステップになっていきます。

例えば、靴を履こうとする場面。自分で履きたいけれど、履けない、でも、だからといって保育者に履かせてもらうのも嫌だと拒否をする子に、保育者はどうかかわればいいでしょうか。保育者は、子ども自身が「やっぱりはけない」と、今の自分を受け入れようと葛藤する姿を見守りましょう。そのうえで、子どもの言動をくみ取りながら、「自分で履きたかったね。今度、またやってみようね」と言葉をかけ、「今だけ、先生が履かせていいかな？」と確認してから手を出すようにします。

「いやいや期」でのかかわり

集団生活において、こうしたやり取りを保障していくことは簡単なことではないかもしれません。でも、目の前の子どもが、今、あきらめない心を育む過程にいることを意識し、この体験が子どもの頑張ろうと思える考え方の育ちにまで続いていくことを自覚したいものです。そして、子どもがあきらめずに実現できるように予測をし、見通しを立て、早めに声をかけたり、外に出る支度の時間を長めにとったり、丁寧な対応を心がけようとすれば、その保育者の願いは子どもに届きます。なぜなら、子どもは、自分を信じ、見守ってくれる大人の存在を感じることで、「いまはできないけれど、また、やってみよう」と次に向かうことができるからです。この経験を繰り返すのが、2歳代の「いやいや期」です。

「あきらめない心」の育ちとかかわり

2歳代

「ありのままをうけとめてくれる」という実感

混乱する子どもを受け止める

自我の育つ2歳代では、できない自分を抱えることはとても大変です。保育者に「いや！」「だめ！」と激しく反発したり、逆に「できない、やって」と突然甘えてきたり、その姿は日によって、あるいは場面によって、目まぐるしく変わります。そうした混乱した状態にある子どもを保育者が丸ごと受け止めるかかわりが重要です。ありのままの自分を受け止めてもらう実感は、「今はできない自分」を肯定し、その自分を抱える力をつけることにつながっていきます。この実感が、3・4・5歳児でのあきらめない力の根っこになります。

例えば、着替えられるのに「きせて！」と言ってくる場面。保育者が「こっちにいらっしゃい。着せてあげるから」と言っても、「いや！　ここ！」と、強く主張してその場から動こうとしません。子どもは自分でもどうすることもできないぐちゃぐちゃな自分を、丸ごと保育者にぶつけてきます。

子どもの心持ちを見つめる

自分でも困っている子どもを受け止めて、「今日は、全部言うことを聞いてもらいたいんだね」とか、「どんなあなたでも大好き」と言うなど、保育者がしっかりと言葉と態度で受け止めることで、子ども自身が「マイナスの気持ちを抱えた自分」を受け止めることができるようになります。子どもの行動には必ず理由があります。保育者は、「どうすることがよいことか」ではなく、子どもの心持ちを考えながら向き合うことが大事です。

16

愛着関係のキホン

3歳代

「できるかもしれない」に向かうために

躊躇する子ども

　いろいろな「できる」ことや、「できない」ことを経験してくると、その経験に基づいて「できないかもしれない」と予測をし、しり込みをする姿が見られるようになります。この予測が危険から身を守ることにもつながるわけですから、一概にネガティブな姿とはいえません。ただ、「できないと思うのなら、やらなくていいよ」という応え方ばかりでは、子どもは「できない」に向かってしまいます。子どもの心の底にある願いを受け止めて、その子が挑戦できるところを見つけながら、「できる」につないでいく丁寧なかかわりが大切です。

ともに挑戦し、共感する

　例えば、跳びおりの場面。嫌がっている様子の中に、「とんでみたいけれど、こわい」という思いがあることに気づいたら、その子のできそうなところから誘うことができます。「ここからは怖いね。でも、この高さなら跳べるかな」と誘い、挑戦を繰り返していくことで、「できるかもしれない」が「できる」「できた」に変わっていくでしょう。保育者が子どもと一緒に挑戦し、見守り、できたうれしさに共感するかかわりが、子どもを支えていくのです。

まとめ　子どもにとっての「あきらめない心」とは

　「あきらめない心」は、「立派で強い美しい心」をイメージするかもしれません。でも、そこに至るプロセスは、迷ったり、不安になったり、いらいらしたり、甘えたり、ぐちゃぐちゃの状態です。この「ぐちゃぐちゃ」をそのままさらけ出し、「あきらめたくない！」「できるようになりたい！」という思いを経て、はじめて、「あきらめなくてもいいんだ」という思いに至り、「あきらめない心」につながっていくのです。
　保育者にとっては、「切り替えが苦手」「こだわりが強い」など、子どもがあきらめないことで困る場面も少なくないはずです。でも、子どもにとっては、同じ「あきらめない心」です。「ここはあきらめないで」「これはあきらめて」というのは、保育者側の都合ではないだろうかと、客観的に眺めることも必要でしょう。そのことが、子どもを理解しようとする意識につながるのではないでしょうか。

感情を調整するプロセスとかかわり

0歳代

感情を調整してもらう原体験

なだめられる経験

　赤ちゃんは、泣いたり、ぐずったりすることで、不快感を表現します。その姿に気づいた保育者に抱き上げられて、「おなかがすいたのかな？」「おしっこが出たのかな？」「お目々が覚めたのね」などの優しい言葉をかけられたり、ちょっと揺らしてもらったりする体験を通して、何かサインを出すと、応えてくれる人がいることに気づいていきます。そして、授乳やおむつ交換で満たされ、なだめられて心地よくなります。

2つの側面

　このなだめられる体験には、大きく2つの側面があります。一つは、気持ちをなだめてもらうという情緒的な側面です。なだめてもらうということは、自分の気持ちを受け止めてもらう安心感につながります。もう一つは、自分の気持ちが抑えられていく身体感覚の側面です。全身で激しく泣いて表現したとき、保育者から「大丈夫よ」と丸ごと身体を抱え込んでもらう体験は、身体感覚として、自分の感情の爆発を「ここまで」と抑え込んで止めてもらう体験をしていることになります。つまり、感情が身体から飛び出さずに済む体験です。この時期の保育者など大人とのかかわりが、「感情を調整する」原体験といえます。

幼児期に続く最初の一歩

　この原体験は、4歳の頃、人の気持ちに関心を向ける時期を迎えたときに、例えば、「自分は○○したいけれど、Aちゃんは△△って思っている」と、人の気持ちに心を寄せ、自分の気持ちを調整しようとする姿になって表れてきます。これは、ありのままの自分を受け止めてくれる大人がいてこそのプロセスなのです。

＊体験と経験の違い
　体験＝自分が出会う出来事すべて
　経験＝体験を含める広い概念で、「経験値」「経験を生かす」のように、体験を通して身につけられるものも含める

愛着関係のキホン

1歳代

「やってみたい」気持ちをめぐるやり取り

一見、わがままに見える子どもの心持ち

　自我が芽生え、さまざまな場面で「やりたい、やりたい」と主張して譲らない子がいます。ときには、ほかの子がしていることに興味をもち、自分の「やりたい」気持ちだけでまっすぐに突き進むこともあります。どうしてそうなるのでしょう？　それは、今まで、自分の気持ちを受け止めてもらった経験が少ないため、願いをかなえるためには自分の気持ちだけで進める方法しか知らないからです。こういう状況で保育者がかかわるときに大事なことは、なんとか収めようと指示を出して解決することでも、収めるためにいったん子どもの気持ちを代弁することでもありません。本当に子どもの気持ちに心を寄せ、受け止めて一緒に考えていこうとする姿勢が大切です。

「言葉」だけでは前に進めない

　このとき、保育者が「そうだよね、やりたいんだよね」と言いながら、その後に「でもね」と続けると、子どもは保育者の本音を直感的に見抜きます。今まで、自分の気持ちを受け止めてもらう経験をしてこなかった子どもは、目の前の保育者が本当に自分の気持ちに寄り添っているか、言葉だけか、敏感に感じとるのです。なぜなら、本当にその子の気持ちを受け止めていくと、「でもね」とは続かないからです。「ほんとだね、やりたいんだよね」「どうしたらいいかなぁ」とつぶやく保育者の言葉を聞いて、子どもが自分の思いを受け止めてもらっていることを実感したとき、子どもは安心します。そして、自分の気持ちにゆとりをもって再び向き合い、こだわらずに自ら自分の気持ちを切り替えられるかと試みるのです。子どもを「ひとり」にしないことが大切なのです。
　子どもの主張を否定せず、寄り添うことは、広く周知されてきていますが、言葉を上手に使うだけでは、子どもは前には進めません。また、「寄り添うことが大事」とばかりに、「そうだよね、使いたいよね」と繰り返すだけでも事態は変わらないでしょう。子どもの主張する気持ちの根拠を理解できたとき、かかわり方のヒントが見えてきます。

感情を調整するプロセスとかかわり

2歳代

感情が爆発する「いやいや期」

「いやいや」と再依存

　いわゆる「いやいや期」と呼ばれる時期は、感情の調整が難しい時期です。でも、やみくもに「いやいや」と反抗しているわけではありません。そこには、必ず理由があり、言わずにはいられない必然性があるのです。
　また、「いやいや期」は、自分の感情が明確に育ってくる時期であると同時に、とても不安になる時期でもあります。つまり、「いやいや」と強く主張するものの、その主張が保育者の思いと対立していることを直感的に感じて、これまで保育者と築いてきた安定した愛着関係が崩れてしまうのではないかと不安になり、甘えてくる再依存の時期でもあります。

調整できない体験を大事に

　発達のプロセスとして、子どもの揺れる心のありようを理解し、そして、「いやいや」を言わなくてはならない必然性も理解して、子どもの感情に巻き込まれずに、丸ごと受け止めるかかわりが、感情調整へのステップにつながります。そのためには、子どもがしっかり感情を爆発させることを保育者として認めることが大切です。爆発することを通して、自らの感情を調整するプロセスに至る子どもを見守るまなざしが求められます。

愛着関係のキホン

子どもの内なる力を信じて

倉橋惣三*は、著書『育ての心』で「自己主張の力とともに、自己抑制の力も子どもが自分で有しているものである」と書いています。これは「子どもには、わがままを通す力があるように、自分を抑える力も子どもの内にある」という意味です。保育現場では、安定した愛着をしっかりつくって、このいやいや期の感情の爆発を受け止めつつ、「この子には自分で調整する力がある」と信じていくかかわりが大事です。実際には、なかなか気持ちが収まらないこともあるでしょう。そんなときは、「お手伝いをお願いしてもいい？」など、別の話題を出して、子どもが気持ちを切り替えて調整する体験ができるような援助をしてみるのも一つの方法です。

*倉橋惣三＝大正から昭和にかけての日本の幼児教育の理論的な指導者で、児童中心の進歩的な保育を提唱した。（「保育用語辞典」（ミネルヴァ書房）より抜粋）

感情を調整するプロセスとかかわり

3歳代

友達とのやり取りでさらなる体験を

葛藤しながら調整へ

思いのままに自己主張ができるということは、自分の気持ちが自由であるだけではなく、友達の自己主張とぶつかり合う経験にもつながります。子ども同士の気持ちのぶつかり合いを通して、子どもは相手にも自分と同じように気持ちがあることに気づきます。また、相手の気持ちに気づくことが、自分の気持ちを優先させるか、相手の気持ちを優先させるかと悩む「葛藤体験」につながります。この「葛藤体験」で、「ほかの子どもの気持ちに出会う」「相手の気持ちを受け入れる」ことを経て、さらにレベルアップした「自分の気持ちを調整する」ことができるようになります。こうしたプロセスを経ていけるのは、赤ちゃんの頃になだめてもらった経験や、爆発する感情を受け止めてもらった安心感があるからです。

保育者の役割は

そして、けんかをしたり、葛藤したりしているときにも、子どもを信頼し、子どもと真剣に向き合う保育者がいることに意味があります。それは結果を出すことではありません。保育者がどうすることもできず、子どもと一緒にそのときを過ごすことしかできない場合も同じです。

子ども同士の主張がぶつかる場面を「トラブル」と捉え、なんとか解決しようとする保育者もいますが、子どもが育つ大切な場面です。先の倉橋惣三の言葉を借りれば、「ぶつかる力と同じように、収めようとする力」も子どもの内にあると信じる保育者の存在が大切といえるでしょう。

愛着関係のキホン

> **まとめ**　「感情を調整する」ことは
> 「キレない子を育てる」ことばかりではない
>
> ### ありのままの自分の感情に向き合う
>
> 　感情を調整することができるようになるためには、自分のありのままの感情をしっかり体験することが必要です。その過程はまるで「キレる子ども」の姿です。子どもは、「不快」「悲しみ」「怒り」などの感情を泣いてぐずってまわりの大人にぶつけていきます。ぶつけるからこそ、その感情を愛着者になだめてもらったり、受け止めてもらったりする体験へとつながります。そして、愛着者にありのままの感情を受け止めてもらった子どもは、愛着者の言葉や表情を手がかりにしながら、ゆとりをもって自分の感情に向き合うことができるようになります。
>
> 　その後も、自我の拡大とともに、自分自身にかんしゃくを起こして感情が爆発したり、けんかをして相手の思いとぶつかって大泣きしたりすることを繰り返しながら、その一瞬一瞬の自分のありのままの感情と向き合い、感情を調整しようとしていくようになります。
>
> ### 感情調整＝土台となる安心感のつくり方
>
> 　「感情を調整する」ということを、非認知能力を育むという視点で捉えると、いわゆる「キレない子を育てる」ことにつながるばかりではないことに気づきます。赤ちゃんの頃から、保育者に不快や不安を受け止めてもらうことで安心感が育ち、子どもは保育者によって培われた安心感のつくり方（感情調整）を育んでいきます。子どもは自らを取り巻く環境を広げながら成長するのです。環境が広がるほど、子どもは「不安」に出会います。感情が揺れ動くそのたびに、愛着者に気持ちを受け止めてもらい、安心感をつくっていきます。

非認知能力につながる「思いやり」

非認知能力の一つである「仲間と協力して取り組む姿勢（感情を調整する）」（P.18-23）からつながる力として、「思いやり」があります。

「思いやり」の基盤は人とつながる心地よさ

「思いやり」とは、「相手の立場に立って考え、相手の気持ちをくむ心」です。「相手の気持ちをくむ」には、相手の気持ちを感じとり、また感じとったことを実感できる体験が必要です。つまり、「かなしい」「さびしい」「うれしい」「たのしい」といった相手の気持ちを感じる体験です。言い換えれば、相手と気持ちを共有する体験です。思いやりの基盤は、人とつながる心地よい体験です。その体験は安定した愛着であり、ありのままの自分を受け止めてもらっているという実感につながり、そして、他者を受け止めることにつながっていきます。

愛着と社会性

●安心感をもっている子は人とつながりやすい

「愛着関係」についてのさまざまな研究において、「2歳のときに愛着の安定性が高い子どもは、4歳半頃に他者の行為をより肯定的に解釈しやすい」[1]ことがわかってきています。「思いやり」は、自分が相手に気持ちを向けていく「自主的な行動」といわれています。安定した愛着をもつ子どもは、現実的で肯定的な自分のイメージがあるので、それが安心の根拠となって、人の気持ちをわかろうとし、他者の感情を正しく理解、推測できます[2]。

●安心感がもてない子は孤立化していく

一方、安心感がもてない、つまり愛着関係が希薄な子どもは、肯定的に自分を捉えることができません。どちらかというと否定的な自己イメージ、または現実的ではない自己イメージをもつことが多いことがわかっています[3]。

研究では、「3歳のときに愛着が不安定な子どもは、他者の行為を否定的（故意）に解釈しやすく、〝友達になりたい〟〝おもちゃが欲しい〟といった社会的問題解決場面において、適切な解決方法を選択することが少ない」[1]といったこともわかってきています。例えば、友達とぶつかったとき、「わざとぶつかった」と相手を責める姿となって表れます。相手を責める子は、自分の気持ちをわかってもらえないという思いを抱え、孤立していく傾向があります。

1) (Raikes&Thompson.2008)　2) (Greig&Howe.2001 Rosnay&Harris.2002)　3) (Cassidy.1988)

愛着関係のキホン

思いやりをはぐくむために

保育者との共有体験

●子どもは共有する力を
もって生まれてくる

「共感」と「共有」は、似た印象ですが、違います。共有体験がなければ、共感は育ちません。例えば、新生児に見られる「共鳴動作*」や、赤ちゃんが人の顔の中でも黒目をじっと見たりする姿も「共有」です。つまり、子どもは「共有する力」をもって生まれてくるのです。赤ちゃんに見つめられた大人は、思わず声をかけたり、触ったりしてあやすでしょう。こうしたやり取りは、気持ちを共有する第一歩であり、人とつながりあう基盤でもあります。

＊共鳴動作＝大人が新生児期の赤ちゃんの正面で舌を出したり、大きく口を開けたりして見せると、同じように動かそうとするような大人のしぐさの模倣を表す。「初期模倣」とも呼ばれる。

●共有体験が人とつながる心地よさをもたらす

生後3か月頃から見られる社会的微笑では、子どもは大人と微笑を交わし合うことを通して、人を「心地よいもの」「快いもの」と受け止め、情緒を共有します。また、9か月頃から始まる、指さしを通して、身近な大人と視線や気づきを共有することも、人とつながる心地よい体験です。

そうした共有体験を基盤に、自分の気持ちをくんでもらったり、探索行動や一人あそびを認めてもらったりすることで、安定した愛着関係が育ちます。この関係性が、「思いやり」の発達にはいちばん大切なことです。

●相手に気持ちを向ける前に必要な気持ちを向けてもらう実感

安定した情緒の下で、子どもは泣いたり、ぐずったり、自分の気持ちを安心して表現します。保育者から自分の気持ちにぴったりくる言葉をかけてもらうことなどで自分の気持ちをわかってもらえたという体験をすると、気持ちが通じ合う実感を得やすくなります。このわかってもらえた、つながったという経験、つまり相手の気持ちがわかるためには、その前に自分の気持ちをわかってもらう体験が必要なのです。そのことが人の気持ちをわかろうとする姿につながっていきます。

> 思いやりをはぐくむために

人とつながる楽しさを味わう

● 相手とのやりもらい
　あそびを積み重ねて
　いく体験

　1歳頃から子どもが「あい（はい）」と保育者に物を渡して、そのまま返してもらうというあそびが多くなります。保育者は子どもからの「相手に何かを渡したい気持ち」や「渡した物を返してもらいたい気持ち」を受け取って、子どもとのやりもらいあそびを楽しみます。この体験を通して、子どもは人とのやり取りを楽しみ、人とつながる楽しさをより経験していきます。

● 言葉を通してつながる
　うれしさを体験

　「マンマ」「ママ」など、意味のある言葉を話しはじめると、この一言に子どもはさまざまな思いや要求を込めて保育者に伝えようとします。「マンマ（がほしい）」だったり、「マンマ（があった）」だったり、あるいは「ママ（いない）」だったり、「ママ（きた）」だったりします。保育者は、子どもがこの一言に込めている思いを受け止め、「マンマが欲しいのね」「マンマがあったね」などと子どもの気持ちを言葉にして返すことで、子どもは自分が言葉を通して相手とつながるうれしさを味わいます。

人への関心を高めていく

● **友達と気持ちを共有する体験**

　2歳頃から、子ども同士で気持ちを共有するあそびが徐々に増えてきます。例えば、お出掛けあそび。1人の子が保育者を相手に始めた「いってきまーす」「ただいまー」という楽しそうなやり取りにひかれて、ほかの子も同じように始めることがあります。

　「いっしょにあそぼう」というやり取りには至っていませんが、互いに意識はしていて、楽しい気持ちは共有しています。まだ、自分の気持ちを言葉で表現することが難しい時期だからこそ見られる姿です。この時期に、相手と気持ちが共有できるうれしさや楽しさをたくさん経験することが、人への関心を高めていきます。

● **自分の気持ちを言葉にしてもらう**

　一緒にあそんでいるような、それぞれが別々にあそんでいるような姿には、保育者は「楽しいね」とか「一緒にあそんでるの、うれしいね」など、子どもの気持ちを言葉にしましょう。そうすることで、子ども自身が自分の気持ちを実感をもって受け入れることになり、相手への気持ちや人への関心を高めていきます。

　また、こうしたあそびは、身近な生活を再現することが多いので、バッグやエプロン、ままごとなど、生活になじみのある物を手に取りやすい位置に用意しておく環境作りも大切です。言葉が十分ではないからと、保育者がリードするのではなく、むしろそういう時期だからこその子ども同士のかかわりがもてるように言葉の使い方に配慮します。

思いやりをはぐくむために

相手の気持ちに気づく

●相手の気持ちを
　気にかける気持ちの
　芽生え

　例えば、友達がしばらくお休みをしていて久しぶりの登園時、保護者と別れた後に泣いている友達の悲しそうな姿を見て、そばに行って一緒にいようとします。これは、友達の悲しい気持ちを感じとり、自分にも悲しいと思う気持ちが芽生えているからです。だからといって、何かを表現することはまだありません。ただ、そばにいるだけです。相手の悲しい気持ちと「同じ気持ち」は、子どもの心にいちばん響いて相手の気持ちを気にかける芽生えとして残ります。こうした気持ちは、「相手と気持ちを共有する」ことですが、むしろ「相手の気持ちをくむ」ことに近い気持ちです。

●自分の評価を期待しない

　保育者は、悲しそうな様子の友達を気にかけてそばにいようとする子どもの姿に気づくと、つい「〇〇ちゃん、優しいのね」「いい子ね」といった言葉をかけてしまいます。でも、それらの言葉は、子どもの行動を評価する言葉です。子どもが「褒められる行動」という面だけを捉えてしまうと、後になって「形だけの思いやり」という姿になって表れる可能性があります。
　「〇〇ちゃん、悲しそうね」と、その子が感じている〇〇ちゃんの気持ちを言葉にしたり、相手がにこっと笑ってくれたりしたら「よかったね。〇〇ちゃんがありがとうって」と相手の気持ちを言葉にします。
　保育者は子どもの行動を評価するのではなく、子どもが感じている気持ちを言葉にして伝えるかかわりが大切です。子どもたちが言葉を用いないやり取りをしているからこそ、保育者の言葉が強い力をもつことを意識し、言葉の使い方を考えましょう。

子どもの姿から考える①
ありのままを受け止める

人は、生まれてきたそのときから、
自分を守ってくれる人との間で
安定した穏やかな関係を求めます。
その根底にあるのは、
「ありのままの自分を受け止めてもらえる」という安心感です。
では、子どものありのままを受け止めるとは、
どういうことでしょうか。
「泣き・ぐずり」「反抗」「甘え」の
3つの姿を通して、子ども理解とかかわりの
ポイントを紹介します。

泣き・ぐずり

泣いたり、ぐずったりする姿をありのまま受け止めるとはどういうことでしょうか。実は、「子どもが泣いたり、ぐずったりしたときは、愛着関係をつくるよいチャンス」です。事例を通して、考えます。

3つのチャンス

泣いたり、ぐずったりしている子どもをなだめようとするかかわりには、愛着につながる3つのチャンスが隠れています。

1 守られている安心感をはぐくむチャンス

授乳やおむつ替えなど、世話をしてもらって守られることの安心感を育みます。

2 気持ちを調整するチャンス

泣いてぶつけた不快な感情を丸ごと抱えられ、なだめられる体験を積み重ねることで、ストレス耐性＊が育ちます。なだめられることで自分の気持ちの収め方がわかるようになります。それが感情を調整する力の獲得につながります。

＊ストレス耐性＝ストレスに対する抵抗力

3 自分のことがわかるチャンス

「寂しかったのね」と言葉をかけられながら、〝泣く→なだめてもらう〟のやり取りを通して、なぜ自分が泣いているのか、自分の気持ちを知ることができ、自分のことがわかる力を育みます。

子どもの姿から考える①
ありのままを受け止める

「泣き・ぐずり」の主な姿と愛着関係の形成

0歳代の「泣き」は月齢とともに発達し、愛着関係も徐々に形成されていきます。
1・2歳代になると、「泣き・ぐずり」は、愛着を求める手段にする場合が増えます。

	「泣き・ぐずり」に関する内容	愛着を表す姿
0～3か月	・空腹や排せつなど、生理的な不快感を表現する。 ・原因がわからない泣き（ファジネス fussiness）が見られる。 ・徐々に気持ちが特定の保育者に向かい、泣きやぐずり声で表現する。 ・「3か月コリック」*が始まる。 ＊3か月コリック＝毎日夕方の同じ時刻に激しく泣き続ける症状。原因はわからず、自然に収まる。	・世話をされて、保育者が自分を快の状態にしてくれることを感じとっていく。
4～5か月	・だっこをしてほしいなど、甘え泣きも見られる。 ・持たせてもらったおもちゃが手から離れると泣く。	・かかわりを通して、保育者とのやり取りを意識するようになる。
6～11か月	・特定の保育者以外の人のかかわりに不安になって泣く。 ・ファジネスが減少してくる。 ・「さびしい」「かなしい」というときに、訴えて泣く。	・特定の保育者を認識するようになる（人見知り）。
1歳代	・特定の保育者の後を追いながら不安で泣く。 ・場面の切り替え時にぐずる。 ・保育者を見ながら、あるいは保育者の前で泣く。	・特定の保育者の後追いを通して、安心できるイメージをつくりはじめる。
2歳代	・保育者の反応を確かめるように泣く。 ・自分の思いが伝えきれなくて泣いて訴えようとする。	・不安になると、保育者を求めて安心しようとする。

泣き・ぐずり
ケーススタディ
1
0歳代

泣いている原因が よくわからない

　4か月で入園したKちゃん（5か月）は、よく泣く姿が見られます。保育者が、「おむつかな？」「おなかがすいたのかな？」「眠いのかな？」とあれこれ原因を探りますが、これといってはっきりした原因はないようです。保育者はどうにか泣きやませようとあれこれやってみますが、あまりKちゃんの様子は変わらず、気持ちが焦ってきます。

解説　ファジネスは愛着関係をつくる泣き

　原因がよくわからない泣きを「ファジネス」と言います。「ファジネス」は、特定の人を認識する人見知りの頃になると減少することから、「愛着関係をつくる泣き」と呼ばれています。月齢によって変化し、個人差もありますが、子ども自身も、どうして泣いているのかわからないので、何をしても泣きやむことができなくなります。それでも、なんとかなだめようとする保育者の気持ちが愛着関係をつくっていきます。

♥受け止め Point
泣きやませようとしない

　「泣き声」には、聞く人の不安やつらさ、悲しさ、怒りなど、マイナスの感情を引き出し、子どもを放っておけない気持ちにさせる力があります。そのことが、なんとか泣きやんでもらおうとなだめる保育者のかかわりにつながります。原因がよくわからないファジネスの場合は、泣きやませようとするのではなく、「関係をつくる泣き」と捉えて、保育者自身の情動のありようを「よしよし」と、穏やかなものに変えてかかわることが大事です。保育者の穏やかな情動の安心感が子どもに浸透して、子どものマイナスの情動がおのずと鎮静化していきます。

子どもの姿から考える①
ありのままを受け止める

泣き・ぐずり
ケーススタディ
2
0歳代

激しく泣く

　Tちゃん（6か月）は、3か月で入園した頃から、ぐずったり、泣いたりすることが多い子です。とりわけ、泣きだすと、火がついたように激しく泣きます。保護者に様子を聞いてみると、1～2か月の頃から、寝ても覚めても泣いてぐずることが多かったとのこと。なだめようとだっこをしても、反り返って泣きます。

解説 全体の10％に見られる気質

　気質として「difficult child（扱いにくい子）」は、泣いたり、ぐずったりする割合が高く、火がついたように激しく泣きます。子ども全体の10％はいると考えられ、生後1～2か月頃から寝ても覚めてもぐずり続け、4～5か月頃には泣きが強くなり、夜泣きが激しくなる傾向も見られます。子ども自身が安心を感じにくく、保護者はもちろん、保育者にとっても対応に苦慮するケースです。

♥受け止め Point

子どもの好きなだっこを模索して

　だっこで安心感を得られるように、子どもが反り返っても、だっこしましょう。大事なことは、どの子も安心して生きていける環境をつくることです。だっこが安心できるかかわりになるよう、どんなだっこだと表情が穏やかになるのか、いろいろやってみましょう。一つでも好きなだっこが見つかれば、おのずと関係性は変わってきて、べったりだっこに変わっていきます。

泣き・ぐずり
ケーススタディ
3
1〜2歳代

場面切り替えでのぐずり

　Aちゃん（1歳8か月）は、場面の切り替えになかなか気持ちがついてきません。保育者が「お昼ご飯を食べるから、お片づけしようね」というと、「いや〜」と泣きだして「あっこ（だっこ）〜！」と、だっこを求めてきます。園庭に出るときや、保育室に戻ってくるときなど、いつも場面の切り替えで泣いてだっこを求めてぐずることが繰り返されています。

子どもの姿から考える①
ありのままを受け止める

> 解説

愛着関係を支えにしているＡちゃん

　Ａちゃんと保育者との間で、愛着関係はできているのですが、気持ちの切り替えが難しいようです。Ａちゃんの気持ちと場面の切り替えのタイミングが合わないようですが、いつも繰り返されるということは、Ａちゃんの個性の可能性もあります。でも、Ａちゃんは愛着関係ができた保育者を支えとして切り替えようとしています。

> ♥受け止め Point

言葉を添えながら しっかりだっこ

　こういうケースの場合、「いつも泣いてだっこ」だと、このままでよいのかしらと保育者が不安になりつつも、どうしていいのかわからなくて、不安なまま子どもにかかわることが多くなってしまいます。

　Ａちゃんのように、自分で切り替えようとしている気持ちを信頼して、「大丈夫だよ、ご飯が終わったら、またあそぼうね」など、見通しがもてる言葉も添えながら、しっかりだっこをすることで、次第に切り替える力を育むことができます。

泣き・ぐずり

ケーススタディ

4

1~2歳代

かんしゃく

　友達と絵本の取り合いをして負けてしまったUちゃん（2歳8か月）。保育者が「絵本、見たかったね。もう一度、一緒に絵本見せてって言いにいこうか」と声をかけても、大好きな三輪車に乗ったまま、おこりながら大泣きしています。だんだんぐずり泣きに変わってきましたが、顔をハンドルにつけたままで、話しかけても動きません。

子どもの姿から考える①
ありのままを受け止める

解説

自我の拡大

　1・2歳代の子どもは、自我の拡大とともに、ほかの子とのぶつかり合いで、「くやしい」「かなしい」といった自分の気持ちに翻弄(ほんろう)されます。それをどうにもできずにぐずって、かんしゃくで表現しながら、自分で自分の気持ちをなだめようとしています。

♥受け止めPoint

子どもの力を信頼して

　子どもは、自分の気持ちを爆発させながら、自分で気持ちを収めていく力をもって生まれています。この保育者のように言葉をかけながら、子どもの反応を見守りましょう。子どもが顔を上げたときが、自分で気持ちを収めて切り替えられたときですから、そのタイミングを大切にして一緒に気持ちを新たにできるような言葉をかけます。

砂場で大きなお山を作ろうか

反抗

保育者を悩ませる子どもの「反抗」と「愛着関係」にはどんなつながりがあるのでしょうか。
「反抗」についての理解と対応のポイントを紹介します。

3つのターニングポイント

反抗と愛着の関係は、子どもの発達のプロセスでもあります。大きく3つのターニングポイントを経て、幼児期後期に向かっていきます。

1 「反抗期」をつくるのは愛着関係

「反抗」と「愛着」は、一見矛盾している印象ですが、実は、安定した愛着関係を土台にして適切な「反抗期」を迎えます。

2 「反抗期」は「自立」を目指すプロセス

「反抗」は、「じぶん」の表明であり、「生きる力」の表れです。葛藤を抱えながらも、自立していく「じぶん」を十分に主張し続けるプロセスを支えるのは、愛着関係で築かれる安心感です。

3 「反抗期」は愛着の再接近期

反抗期の子どもは、反抗しながら自立することへの不安や葛藤を抱えて揺れています。そんな自分を受け止めてくれるだろうかと、保育者との愛着を改めて確認する姿が見られます。

子どもの姿から考える①
ありのままを受け止める

「反抗」の主な姿と愛着関係の形成

子どもは安定した愛着関係の元で、反抗を通して自立していく「自分」を育て、愛着の再依存のときを経て、愛される自分という自尊心とともに愛着関係による安心感を確信する大事な発達のプロセスをたどっていきます。

	「反抗」に関する内容	愛着を表す姿
0～3か月	・働きかけているのに、保育者が気づかずにいると、むっとした表情をしたり、声を出して主張したりする。	・人とかかわろうとする。
4～5か月	・相手が思ったようにしてくれない不満や、思ったように身体が動かないことにいらいらしておこる。	・保育者を意識して自分の思いを主張する。
6～11か月	・持っている物を取り上げると抵抗する。 ・保育者からのあやしを期待しているのに、応えてくれないとおこる。	・愛着関係ができつつある特定の保育者は、自分の思いをわかってくれるはずだと思う。
1歳代	・自分の思いを受け止めてもらえなかったときに、床にひっくり返っておこることがある（初期のだだこね）。 ・食べさせようとすると嫌がり、自分で食べようとするが、こぼれてうまく口に入らずいらいらする。	・特定の保育者との関係を基盤に、反抗を繰り返す。
2歳代	・「じぶんで」「ひとりで」など、さまざまな場面で強く自己主張する。 ・かんしゃくを起こした後、すぐに甘えようとする。	・自己主張する一方、スキンシップを求めて愛着の再確認をする。

反抗
ケーススタディ
1
0歳代

保育者への怒り

Nちゃん（8か月）が、持っていたおもちゃを近くにいたRちゃんに投げようとしたので、保育者が「危ないからやめようね」と取り上げた途端におこって泣きだして、保育者をたたこうとします。

解説　怒りの理由

Nちゃんは、このことがRちゃんにどういう結果をもたらすかはわかりません。また、危ないということもわかりません。投げようとしたことを止められたので、気持ちを拒否されたと思って、おこったのです。このように自我の育ちは自分の思うとおりにしたいという気持ちも強くなります。

受け止め Point　発達の特徴を踏まえたうえでのかかわりを

子どもが物を投げたり、落としたりして危ないと思うと、保育者は止めようとします。それ自体はよいのですが、この時期の子どもが、自分の思ったことをしたい時期であること、同時に、してよいことや困ることの規準をつくる時期でもあることを保育者は認識して、穏やかに知らせていくことが大切です。もちろん、子どもに悪気はありません。どうしたらよいのかという方法を伝えることで、子どもも学習することができます。

子どもの姿から考える①
ありのままを受け止める

反抗

ケーススタディ
2

1歳前半

「ひとりで！」

1か月ほど前から一人で歩くようになったFちゃん（1歳2か月）。一人で歩けることがうれしくて、不安定ながらもよちよちと歩くことを楽しんでいます。できるだけ手を出さず見守っていますが、横断歩道や転ぶと危ないと判断する場面で、保育者がFちゃんの手をつなごうとすると、嫌がり、その手を振り払ってしまうことも少なくありません。

解説　一人で歩くうれしさを体験中

歩きはじめたFちゃんの心は、歩く楽しさと同じくらい、自分で決めて移動できるうれしさと誇らしさに満ちあふれています。しかも、方向転換はまだ難しく、直線的にひたすら前に向かって歩いていく時期なので、保育者に手をつながれると、「じぶんで」の思いを遮られるように感じ、反抗するのです。

♥受け止め Point
「あるきたい」思いを受け止めつつ めりはりのある対応を

保育者には手をつなぐ理由があっても、Fちゃんに意図が理解できないので、その対応には保育者の知恵や工夫が要求されます。

まず、言葉をかけずにいきなり手をつなぐのは、子どもを驚かせてしまうだけです。必ず、「ここは危ないから手をつなぐよ」と言葉をかけましょう。また、転んでも危なくない環境で、子どもの思うままに歩ける機会をつくることも大事です。ポイントは、対応にめりはりをつけることです。安全を最優先しながら、保育者がリードする場面と、子どもに任せる場面をつくりましょう。

反抗

ケーススタディ

3

1歳後半〜
2歳代

相反する気持ちと言葉

　Wちゃん（2歳3か月）は水あそびをしていて、シャツもズボンもぬれてしまいました。保育者が「風邪を引くから着替えようね」と言っても、「いや！」「いやー！」と激しく泣きます。
　困った保育者が「だって、びしょびしょでしょ？」と言っても「いやぁー」と言いながら泣きます。でもよく見ていると、言葉では「いや」と言いますが、身体は保育者に着替えさせてもらう姿勢になってきています。

解説　「生きる力」の表れ

　1歳半頃になると、自分の名前と、鏡に映っている自分の顔が理解できるようになり、顔や身体全体で「じぶん」を認識しはじめます。これは、愛着関係の形成を経て、常に保育者とつながっていることを確認しながら、「ほかの誰でもないじぶん」を意識できるようになるからです。
　こうして自分のことが意識できる「認知的自己」が膨らんでくるにつれ、「○○したい」「○○がほしい」という自己主張も強くなっていきます。その主張を、保育者の側から見たときに保育者の願いを裏切るような言動になるため、「反抗」と捉えられますが、決して困る姿ではありません。むしろ、「じぶん」を強く表現する姿であり、「生きる力」の表れです。

子どもの姿から考える①
ありのままを受け止める

そして、Wちゃんは、まさにちょうど反抗期。自分でやりたいという気持ちや、保育者に何か指示を出されることにまずは拒否したくなる気持ちが出てきます。でも、子ども自身も困ってしまうくらい、自分で「うん」とは言えないのが、この時期の特徴です。ただ、ボディランゲージを見ていけば、Wちゃんがもうすでに着替えさせてもらう気持ちになっていることがわかります。

♥受け止め Point

子どもの言葉にだけこだわらない

　子どもの言葉にだけ保育者がこだわってしまうと、子どもの気持ちを受け止めきれていないことになります。この時期は特に、自分の言葉に子どもがこだわることを認識して、子どもが身体から発する気持ちを受け止めることに留意します。

感情的に巻き込まれない

　子どもの「反抗」は、保育者のネガティブな感情を引き起こしやすい側面をもっています。保育者が感情的に反応すると、子どもは「じぶん」を守ろうとして、「保育者に反抗するための反抗」をしてしまいます。子どもの「反抗」に感情的に巻き込まれないよう、少し「心の距離」をもって対応する意識が大切です。
　そして、子どもが反抗の後で甘えてきたときには、気持ちを切り替えてしっかり受け止めましょう。反抗しているときの子どもの心は、「愛着のきずな」が壊れないか、不安でいっぱいなのです。愛着の再確認を受け止めて自立を保障しましょう。

子どもの反応を予測する

　ある程度子どもの反応を予測し、時間に余裕をもって計画すると、いらいらしないで対応できます。また、「さあ、おしまいよ」といきなり伝えるのではなく、「あと、滑り台を2回したら、おしまいにしようね」など、子ども自身が見通しをもてるよう、少し前から声をかけるのもいいでしょう。

甘え

0・1・2歳児が甘える姿は、泣く姿と同様に、保育者にとっては珍しいことではありません。
それだけに、どう捉えるかが日々の保育に影響を及ぼします。

3つのキーワード

「甘え」という言葉はネガティブな印象を与えやすく、甘えさせるのはよくないと捉えられてしまうことが、しばしばあります。甘えにまつわる3つのキーワードを紹介します。

1 生きる力を求める無意識の表現

　子どもは不安になったり、傷ついたりすると、「生きる力」が弱くなり、愛着行動としての「甘え」を表現して、受け止めてもらうことで安心しようとします。ですから、子ども自身は「甘えたい」という気持ちを意識して表現しているものではありません。

2 子どもからの甘えを受け入れる姿勢

わかった、じゃあ、○○ちゃんと一緒にだっこね

そうかあ、じゃあ、今はできないのよ

気持ちを受け入れたいという姿勢をもちつつ、できること、できないことを考え、伝える。

　「だっこ〜」と甘えてくる子どもをずっとだっこしていて、先輩から「いつも応えていたら、わがままになる」と諭された経験をもつ保育者も少なくないでしょう。確かに、いつも「だっこ」をしていればよいわけではありません。しかし、子どもが求めてくるだっこは、100％応えてください。子どもの甘えを「受け入れる姿勢」をもつことが大切です。保育者は「甘え」の意味をきちんと自分の中でぶれずにもちつづけたいものです。それを基盤に対応を考えます。

3 甘えの姿への客観的な視点

　子どもの行動には、必ず理由があります。だっこしてほしいのに「だっこしない！」と言ってみたり、自分で着替えられるようになったのに「できない〜。やって！」と言ったりします。ですから、「なぜこの姿なのか」という客観的な視点をもち、「わがままになった」などと主観的な見方にならないようにすることが大切です。

子どもの姿から考える①
ありのままを受け止める

「甘え」の主な姿と愛着関係の形成

甘えは信頼の上に成り立つものだといわれています。赤ちゃんの頃から、さまざまな姿で甘えを表現する子どもは、どんなふうに保育者との愛着関係を築いていくのでしょうか。

	「甘え」に関する内容	愛着を表す姿
0～3か月	・保育者が笑いかけると、笑い返す。 ・保育者を目で追う。	・保育者とのやり取りを通して、人とかかわろうとする。
4～5か月	・あやすと喜ぶ。 ・保育者を意識して、自分から笑いかけたり、かかわりを引き出そうとしたりする。	・やり取りを通して、特定の保育者を意識しはじめる。
6～11か月	・特定の保育者にだっこしてもらおうと目で追ったり、声を出して気づいてもらおうとしたりする。 ・あやしてもらおうと、にこにこして期待して待つ。	・特定の保育者を認識し、それ以外の人を区別する。
1歳代	・気づくと保育者の膝にちょこんと座ってにこにこする。 ・ほかの子どもにおもちゃを取られると、悲しそうな顔をしながら保育者に近寄る。	・保育者に甘えることで安心できる体験を蓄積する。
2歳代	・自己主張した後で、甘えた表情で近づいたり、だっこを求めたりする。 ・自分でできることでも「できない」と言って甘える。	・保育者への甘え（再依存欲求）を通して、愛着関係を確立する。

45

甘え

ケーススタディ

1

0歳代

甘えを我慢している？

　まもなく1歳になるLちゃん（11か月）は、少し緊張感が強い様子が続いていて、入園から半年近くたってもあまり甘えてきません。保育者は気持ちのやり取りにぎこちなさを感じていました。ところが、ある日を境に、保育者に甘えるようになり、その後はやり取りもとてもスムーズになりました。ただし、劇的に大きな出来事があったわけではありません。

解説

サインの表し方はそれぞれ

　劇的な出来事はなかったけれど、何かLちゃんの中で「あまえていいんだ」と感じることがあったのでしょう。0歳の頃の甘えはもちろん無意識ですが、サインがわかりやすい子と、わかりにくい子がいます。事例のLちゃんも、サインが不明確なのかもしれません。子どものサインが不明確だと保育者は気づきにくく、「甘え」を受け止めることができないまま時間が経過してしまいます。おなかがすいたとき、眠いときなどの生理的な欲求のサインも気づかれにくいと、保育者との愛着関係も成立しにくくなります。Lちゃんの場合、いいタイミングで保育者に言葉をかけてもらって、信頼できる人と認識したのかもしれません。

子どもの姿から考える①
ありのままを受け止める

♥受け止め Point

サインが出にくい子には微妙な変化にも注目して

　甘え上手な子は、すきあらば大人に近寄り、だっこをせがみ、ちゃっかり膝に座ってくるのですが、Lちゃんのようなサインが不明確な子の場合、家庭でも受け入れてもらいにくいことが推察されます。保育者はサインが明確になるよう、表情やしぐさのわずかな変化に気をつけながら、少々大げさな感情表現で応えることが大事です。きちんと受け止めてもらうことで、子どもは自分の気持ちに気づき、サインを徐々に明確な形で表すようになります。

お外に行ってみようね

甘え
ケーススタディ
2
1歳代

きちんと甘えた経験がない

　1歳児クラスでいちばん誕生日が遅いDちゃん。同じクラスの友達に交じってあそびたいようですが、とにかく落ち着かないので、実際には同じあそびを楽しむには至っていません。家での様子を聞いてみると、ちょっとぐずるとすぐにおっぱいを含ませているようです。話を聞いて、保育者は「ぐずったらおっぱい」というかかわり方について「甘えたい気持ちをすり替えられているような感じがしないかな」と気になりました。落ち着きがない様子もそのあたりにあるのかもしれません。園でどういうふうにかかわればいいのか、迷っています。

> 子どもの姿から考える①
> # ありのままを受け止める

> 解 説

感情の認知と分化が進みにくい

　保健師の間でも「泣くとおっぱい」の傾向を止めようという動きが広がっています。最初は、快・不快だけだった感情から、徐々に感情が分化する6か月～1歳半くらいに、なんでも母親のおっぱいでその場を収めてしまうと、子どもは自分の気持ちに対して不明確な意識をもたざるを得なくなります。なぜなら、自分のSOSを「寂しかったよね」「嫌だったんだよね」と言葉をかけてもらうことで、感情の認知と分化が進むからです。Dちゃんも甘えたい気持ちを「おっぱい」でうやむやにされているため、自分の気持ちをどう表現すればいいのかわからず、落ち着きのない姿として表れているのかもしれません。

> ♥受け止め Point

子どもの気持ちを言葉にして

　例えば、園でDちゃんが泣いたときは、泣きやませようとするのではなく、「なぜか」を意識してリアクションすることが大事です。Dちゃんの気持ちをイメージしながら、言葉をかけていきましょう。Dちゃんは、保育者からかけられた「寂しかったよね」などの言葉を手がかりにして、自分がどうして泣いているのか、気持ちを整理していく過程をたどります。そして、自分の気持ちを受け止めてもらえることで、安心して愛着関係を築くことができます。

　ここで気をつけたいのは、保育者が言葉で子どもを納得させようとしないこと。最初からスムーズにその過程をたどれるわけではありません。結果を急ぎすぎて、保育者が先手を打つように、「さっきのことは○○ちゃんがこうして、それであなたがね」と言葉で整理しすぎると、ここで、また感情が置いていかれてしまい、理解してもらえなかった悲しさが残ってしまいます。

甘え
ケーススタディ
3
2~3
歳代

急に甘える

　前日までは一人でズボンをはいていたRちゃん（3歳4か月）が、「できない、やって」とズボンを持ってきました。保育者が「あれ？　昨日は一人ではいていたじゃない。先生が見ているからやってごらん」と言っても、「やだ！　できない！」の一点張り。翌日も同じです。保育者が「お手伝いするから一緒にやってみようか」と言うと、嫌々ながらもやりはじめ、でも「だめ、できない」と放り出してしまいました。保育者はこのままRちゃんの甘えを受け入れ続けていいのか、できることはわかっているのだから頑張って取り組めるように励ますべきなのか、わからなくなってしまいました。

子どもの姿から考える①
ありのままを受け止める

解説

不安の表れ

　3歳頃は、第一反抗期から自立に向かう時期です。大人を拒絶することが多くなるので、拒絶をしたものの自分が嫌われないだろうかと不安になり、確かめたくて甘えることがあります。もしRちゃんが最初に「できない」と持ってきたその直前に、保育者を拒絶するようなやり取りがあったとしたら、まさに「確認」のための甘えです。また、家でしかられて不安感を抱えているということもあるかもしれません。あるいは、友達が「できない」とやってもらっているのを見てうらやましくなり、「やって！」と言う場合も考えられます。

♥受け止め Point

大事なことは「どうするか」ではなく「どうして？」

　2歳児を担任する保育者は、年度の後半になると、3歳児への進級を見越して、基本的生活習慣の自立の仕上げを意識します。その結果、どうしても「頑張ろうよ」と自立を促すことが多くなります。Rちゃんのように一人でできることがわかっていれば、なおさらでしょう。でも、だからこそ、「どうするか」ではなく、「どうして？」に注目することが求められます。子どもの姿の表面だけを捉えないために、まずは、子どもの姿が何を物語っているのか、探ることから始めましょう。

ワンポイント Memo

現場の試み

A保育園では、職員会議後の残った時間を活用して、事例研究を重ねています。4月のはじめ、「気になる姿はありますか?」という問いに、複数の保育者が泣く姿を取り上げました。そこでどんな様子なのかを4コママンガにしてみました。マンガにすると、そのときの状況を客観的に振り返ることができるのです。

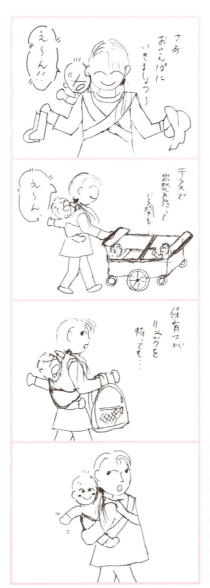

おんぶをして、散歩に出掛けました。両手が空いているので、ほかの子のバギーを押したり、リュックを持ったりしていたのですが、泣きやむ気配はありません。それならば……と、荷物を渡して「よしよし」とおしりをトントンしながら揺すると、泣き声が止まりました。「わたしだけをみてて〜」と言っていたのだと感じました。(4コママンガに添えた説明文の一部を抜粋)

子どもの姿から考える②
子どもの心に寄り添う

愛着関係をはぐくむための大きな手だてとして、「子どもの心に寄り添う」かかわりがあります。第3章では、「寄り添う」をキーワードに、愛着関係を考えていきます。
「不安」「こだわり」「葛藤（かっとう）」の3つの姿を通して、子ども理解とかかわりのポイントを紹介します。

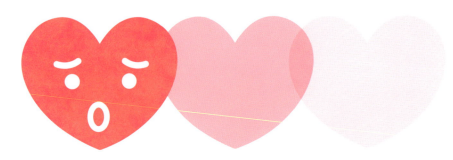

「不安」に寄り添う

小さな子どもたちにとっての「不安」とは、どういう感情なのでしょう？
子どもたちのどんな姿に「不安」が隠れているのでしょう？
そして、愛着関係とはどういうかかわりがあるのでしょうか。

キホンを押さえる　「不安」って、なあに？

命を守るための本能から起きる不安

　新生児期より、空腹や眠りなど、命をつないでいくための欲求（生理的欲求）が満たされないと、子どもは不快を感じます。この「不快」の情動の状態が「不安」です。不安によって、緊張やいらだちなどの身体反応が起き、子どもはそれらを泣いて表現します。多くの場合、保育者はその状態を「不快」な状態と理解し、言葉をかけながら「快」の状態に変えていきます。ですから、空腹で泣いた子どもに授乳すると、満たされて安心した子どもは、よい笑顔をしてくれます。この「快」の情動の状態が「安心」です。
　この相互作用によって子どもは、「いつもの保育者＝安心させてくれる人」として、その人との愛着関係を育んでいきます。特に０～２歳代においては、不安なときには安心させてくれる人がいる、という応答性の経験の蓄積が、人への基本的な信頼感へとつながります。ですから、これらの安心感が得られない＝不安感は、生きることへの危機感を警告する最初のサインとなるのです。

子どもの姿から考える②
子どもの心に寄り添う

発達は不安とともにある

　安心感のある子どもは、成長する中でどんどん世界を広げ、はじめてのことにぶつかったり、他者との関係を深めたり、前よりもできることが増えていきます。でも、同時に必ずその世界で怖くなったり、嫌になったりして、不安を感じる体験にも出会います。
　子どもは不安になると、これまでの経験から愛着者を通してなんとか安心しようとします。そして、安心すると、さらに世界を広げようとしていきます。この安心感が基盤にあるから、「不安」に出会うとわかっていても世界を広げていけるのです。つまり、発達には、「安心感」だけではなく、「不安」体験も必要なものともいえます。

子どもの不安に気づくことが大事

　0・1・2歳児期は、不安な自分を安心できる自分に変えていくトレーニングの時期であり、トレーニングの基盤は愛着関係です。子どもは、不安を安心に変えてくれる人との間で安心感をつくろうとするし、不安になれば、その人の所へ戻っていきます。
　ですから、「不安」をそんなにマイナスの要素と捉える必要はありません。ただ、子どもの不安に保育者が気づくことは大事です。そして、子どもが過度な不安を抱えないように、配慮することが重要です。

不安

ケーススタディ

1

1歳代

分離不安の期間が長すぎる

　Sちゃんは、1歳8か月。1歳前頃から始まった後追いが、1歳半を過ぎても収まりません。後追いが始まった頃は、ほほえましい姿として捉えていたU先生（経験5年）も、1年近く続く「後追い」に困惑気味です。しかも、最近は、だっこを求めるものの、U先生がだっこしていても落ち着かずに下りたがり、下ろすとまただっこを求めてきたりして、どうしたらよいのかわからない様子が強くなっています。

子どもの姿から考える②
子どもの心に寄り添う

> 解説

特定の保育者を獲得していない分離不安

　後追いは、特定の保育者を獲得したことで表れる分離不安ですが、Ｓちゃんの姿は特定の保育者が得られていないための分離不安といえます。Ｕ先生の後追いをするので、一見、愛着関係ができたと思われていましたが、実は、安定できる愛着関係をもてていないために、Ｓちゃん自身がどうしたら安心できるかわからず、落ち着かないのです。

　Ｓちゃんは、おそらく乳児期前半の頃、だっこされたり、あやされたりしても、安心も不安もあまり感じない、人との関係をつくる力が弱かったのでしょう。それが、自我が芽生えてくる１歳前後から、安心感を得ようと、人との関係を求めはじめたのです。ところが、それまで、不安を感じたときに、身近な保育者にかかわってもらって安心するという経験をしてこなかったため、安心したいのにＳちゃん自身が何を求めていいのかわからない状況に陥っていると考えられます。

> ♥受け止め Point

「安心」につながる小さな体験を

　こういう場合、「Ｓちゃんの求めに応えよう」と考えてＵ先生が動くことは、結果としてＳちゃんに振り回され、Ｓちゃんの安心にはつながりません。子どもがどうしてそういう要求をするのかがわからないまま、子どもに応えても、それは意味がありません。なぜなら、Ｓちゃん自身もどうしたら自分が安心できるのかわからないからです。

　こういうときは、とにかく安心できる体験をつくっていくことが必要です。Ｓちゃんが嫌がっても、「大丈夫、これでいいの」と、安心感のある強い刺激でぐっと抱き締めてなだめましょう。保育者が自信をもって、ゆったりとした自分のやり方でなだめようと抱き締めていると、次第に落ち着いてくるはずです。この経験が「安心できること」として記憶されていきます。まずは、その最初の一歩を目指しましょう。

募るいらいら感

　登園した途端、近くにいる子の髪を引っ張ったり、たたいたり、ご機嫌斜めなYちゃん（1歳8か月）。この日、Yちゃんは少し遅い登園でした。部屋の中には、すでに11人の子どもたちがいて、3人の保育者と早番補助の保育者、それぞれが誰かの世話をしていました。

　保育者の1人が、ようやく落ち着いた子（Mちゃん）を膝から下ろし、険しい表情のYちゃんを手招きしました。ほっとしたのもつかの間、「うんちー」とMちゃんの声。部屋の様子を気にしていた園長がヘルプに入ってくれて、Yちゃんを呼んでくれます。「よかった。今のうちに」とMちゃんのおむつを替えようとした矢先、園長の手を振りほどいてYちゃんが「Yも〜」と走り寄り、Mちゃんをポカリ。見かねた園長がYちゃんを抱いて、事務室へ連れていきました。

子どもの姿から考える②
子どもの心に寄り添う

> **解 説**

落ち着かない雰囲気が引きだした不安

　ちょっと遅れて登園したＹちゃんが見た光景は、落ち着かなくて、自分の居場所がないような印象だったのかもしれません。でも、保育者は、ちゃんとＹちゃんの目線で保育室を捉え、Ｙちゃんの不安感を感じとって、なんとかＹちゃんに応えたいと思っています。

> ♥ **受け止め** Point

子どもの目線で環境づくりを工夫する

　１歳児11人が一堂にいる状況で、Ｙちゃんの気持ちに寄り添うのは難しいことですが、何かできることはないでしょうか。例えば、子どもを２つか３つのグループに分けられるように、室内に簡単なついたてを設けて、子どもの視界を遮るとか、あるいは落ち着くまで入り口を２か所にして、集団でざわざわしている感じを和らげるといった工夫を担任間で話し合ってみてはどうでしょう。不安に寄り添うのは、気持ちを捉えることだけではありません。寄り添える環境づくりも大事な視点です。

　また、保育者を求めているＹちゃんの不安が高まらないように、事務室に連れていく園長先生が「園長先生、Ｙちゃんにお手伝いしてほしいことがあるんだけど、一緒に来てくれる？」など、丁寧にかかわるだけでも随分と違ってきます。

不安
ケーススタディ
3
2歳代

「みんなとちがう」不安感

　Kちゃん（2歳10か月）は、軽度の食物アレルギーがあり、アレルギー症状が起きないように、念のため、食事の時間はついたてでスペースを仕切り、保育者がついています。通常は保育者も一緒に食事をしますが、除去食なので、保育者は子どもが食べるのを見ているだけになります。そうした状況について、Kちゃんなりに理解しており、食欲もあるのですが、表情が硬く、食事を楽しむという感じにはほど遠い様子でした。

　何かしらの不安感や疎外感を感じているのかもしれないと担任間で話し合った結果、アレルギーの程度を保護者にも再度確認し、ついたてを取り払い、少し離れた所で食べることに同意を得たうえで、友達が食べる様子を見られるようにしました。Kちゃんの口から「ひとりはいや」「みんなとたべたい」といった主張が表明されたわけではなかったのですが、今までとは違う和らいだ表情を見て、保育者は心の底にあったKちゃんの「気持ち」に改めて気づいた思いがしました。

子どもの姿から考える②
子どもの心に寄り添う

> 解説

慎重な対応が必要な事例

　Kちゃんの表情に気がつき、不安感に寄り添おうとした保育者の専門性を感じさせる事例です。結果としてはうまくいきましたが、慎重な対応が求められる難しい場面ではあります。食物アレルギーは命にかかわることですから、どうしても子どもの気持ちは二の次にされてしまいます。だからこそ、保育者として、子どもの気持ちが置いてきぼりにならないようにかかわりたいものです。

> ♥受け止め Point

Kちゃんの思いを
確かめながらのかかわりを

　Kちゃんがアレルギーについてどのくらい理解をしていて、どの程度我慢をしているのかを、保育者として聞いておく必要はあると考えます。また、Kちゃん自身が言葉にしていないことについて、保育者が早合点をして「嫌に違いない」と決めつけないように、まずは、Kちゃんに「嫌か、嫌でないか」という感情認知はしたほうがいいでしょう。もしかしたら、みんなと一緒ではないことは嫌だけど、ついたてはあるほうがいいと思っているかもしれません。具体的な方策はなくても、子どもの気持ちを確かめるやり取りを通して、不安が和らぐこともあります。

「こだわりをもつ子」に寄り添う

一人一人の子どもが示す「こだわり」は、子どもによっては強く表れることがあります。
愛着関係とは、どんなつながりがあるのでしょうか。
子どもが示す「こだわり」をどう理解すればいいのでしょうか。

キホンを押さえる 「こだわり」って、なあに?

個性としてのこだわり

「こだわり」とは、ある特定の物や人、行為に固執する様子を指します。例えば、歩きながらのだっこでないと寝ないとか、ウサギの絵が付いている洋服じゃないと着ないというような「こだわり」の強さをもつ子どもがいます。

発達のプロセスとしてのこだわり

　また、発達のプロセスとしての「こだわり」は、例えば、1歳頃から表れる後追いや、1歳半頃から見られる「自分のもの」や「自分の居場所」への愛着という姿になります。2歳代の子どもが同じ色や場所、あるいはいつも同じ並べ方や手順などにこだわるのも発達していくうえで起きてくるものです。

不安感の表れとしてのこだわり

　一方で、特定の人や物に固執する子どもの中には、心の中に不安感を抱えていることもあります。この場合、自分のこだわりが満たされることで安心感をつくります。つまり、安心できるツールとして、こだわりの人や物、場所などを自分でつくって、安心感を得ようとするのです。
　いずれの場合も、子どもが見せる「こだわり」にどんな意味があるのかを理解してかかわることが、安定した愛着関係につながっていきます。

こだわり
ケーススタディ 1
0歳代

特定の保育者への こだわり

　Rちゃん（11か月）はA先生の姿を見つけると、ひたすらA先生のほうを向いて手を伸ばし、ほかの保育者の言葉はまったく聞こえない状態になってしまいます。最初の頃は、保育者たちも人見知りとしてどの子にも見られる姿と捉えていました。しかし、7か月頃から始まり、すでに4か月がたとうとしていますが、一向に落ち着く気配が見られません。

　次第に、クラス運営にも支障が出るようになってきました。最近では、苦肉の策として、Rちゃんの視界にA先生が入らないように、ほかの保育者が壁になって遮っている状況です。不思議なことに、A先生が見えなければRちゃんは求めて泣くこともないのです。

子どもの姿から考える②
子どもの心に寄り添う

> 解説

人見知りが卒業できない状態

確かに人見知りの時期は、特定の保育者にこだわる姿を見せます。子どもは「特別な保育者」との1対1の愛着関係を得て、次第にほかの人も徐々に受け入れていくようになるのです。つまり、愛着関係を土台にして、人見知りを卒業していくのです。ところが、Rちゃんは何か理由があって、人見知りを卒業できない状況が続いているのでしょう。

> 受け止め Point

寄り添うのは「こだわり」ではなく、「こだわりがある子」

「こだわり」については、そのこだわりを肯定し、受け入れていくことが原則です。A先生はRちゃんが安心できるように対応されてきたのでしょう。でも4か月が経過しているとすれば、Rちゃんの「こだわり」にはほかの意味がありそうです。

この場合は、RちゃんがA先生にこだわらなくても安心できるようなほかの保育者との楽しいかかわりを積極的に入れていくことが必要です。「こだわりがある子」に寄り添うことと、「こだわり」に寄り添うことは、違うことなのです。

こだわり
ケーススタディ
2
1歳代

どんなときも赤いブロックを手放さない

　Nちゃん（1歳7か月）はブロックが大好き。登園すると、真っ先におもちゃ箱からブロックを取り出し、あそびはじめます。でも、見ていると、あそぶときだけではなく、着替えのときも、眠るときもいつも同じ赤いブロックを持って過ごし、片ときも放さず、ぎゅっとしっかり握っています。保育者は、そんなNちゃんの様子を受け入れつつ、もう赤いブロックはなくてもいいと思えるほどに、楽しいことを一緒にやっていこうとかかわりを深めています。

子どもの姿から考える②
子どもの心に寄り添う

> **解説**

安心できるお守り

　おそらくNちゃんにとって、ブロックは大好きなだけではなく、園にいる間の安心できるお守りなのです。何か不安があって、赤いブロックにこだわらずにはいられないのでしょう。保育者がそんなNちゃんを認めて、受け入れていく中で、Nちゃんと保育者との間に愛着関係がしっかりできていきます。ですから、事例の保育者のようにかかわることで、Nちゃんはいずれ赤いブロックを必要としないときが来るでしょう。

> ♥受け止めPoint

先回りしない

　赤いブロックを必要とするか、もういらないかを決めるのは、保育者ではなくNちゃん自身です。もし、「今はだめでしょ」とか「みんなお片付けしたよ」などと、Nちゃんの気持ちが準備できていないのに先回りして言ってしまうと、Nちゃんはますます不安になって、こだわりを強めていきます。
　もう少し月齢が高い子の場合、保育者の言うことを理解し、無理をして自ら手放したとしても、不安感が高じてチックが表れることもあります。子どもがこだわりを見せるときは、必ず理由があります。
　保育者は、「どうしてかな」と考えながら、その子がこだわりを必要としなくなるようにすることが大事です。なぜなら、「こだわり」があると、生活に制限が起きやすくなるからです。つまり、こだわりがあるということは、自由で安心した生活を保障されていないということなのです。

こだわり
ケーススタディ
3
2歳代

自分が座る場所へのこだわり

　朝の集まりはいつもロッカーの前と決めているのですが、その日は、ロッカーの前が使えず、いつもの場所に座れなかったYちゃん（2歳3か月）がかんしゃくを起こし、大騒ぎになってしまいました。やむなく再度、場所を変えて始めましたが、それでもYちゃんの気持ちは収まらないようです。
　S先生が気持ちを切り替えようと「Yちゃん、今日はロッカーの前は使えないの。だから、今日はここで朝の集まりを始めます。Yちゃんはどこがいいかな？」と話しかけますが、Yちゃんの気持ちは完全にこじれてしまいました。

子どもの姿から考える②
子どもの心に寄り添う

> 解 説

同じことへのこだわりは自我が育っている証

自我が育つということは、「自分」という意識がはっきりし、身の回りのいろいろなことへの認識も深まることです。その中で、いつもの場所、いつもの方向、手順など、いつもと変わらないことを実感することで、子どもは安心感を得て自由に動けるようになっていきます。こうした秩序を敏感に感じ取り、こだわる姿は1歳頃から3歳頃までに現れ、その後、消失していくといわれています。＊

＊モンテッソーリ教育「秩序の敏感期」参照

> ♥受け止め Point

「いつもと同じ」という実感が安心感につながる

事例の場合、いつもと同じ場所に座れなかったYちゃんの不安感に気づき、「そうか。いつものロッカーの前がいいんだね」とこだわっている気持ちを言葉にすることが、子どもの気持ちに寄り添うことです。多分、保育者は気づきながらも、子どもにわかってもらおうとして、現状を説明したのでしょう。子どもの気持ちをわかっていることは同じですが、ついそこを跳び越えて、子どもに気持ちを切り替えさせようとしてしまいます。せっかくYちゃんの気持ちに気づいているのに、Yちゃんは否定されたように感じてしまうので、事例のようにこじれてしまうことになります。解決することに保育者がこだわらず、まずは丁寧に受け入れることを心がけましょう。

こだわり
ケーススタディ
4
3歳代

好きな友達への こだわり

　その日、Dちゃん（3歳）は大好きなFちゃんと一緒に昼ご飯を食べようと決めていました。Fちゃんはとっても楽しくて、誰もが隣に座りたいと思っています。昼ご飯の時間になって、保育者の「好きな席に座っていいよ」という言葉に応じて、ほかの子がDちゃんの隣に座ろうとすると、Dちゃんは「だめ！」「だめ！」と次々にはねのけ、「Fちゃん、ここ！」と声をかけました。

　絶対にFちゃんが来てくれると思っていたDちゃん。それなのに、Fちゃんはほかの子の隣に座ってにこにこしています。Dちゃんはみるみる表情がしぼんですっかり落ち込んでしまい、後は誰が来てもぷんぷんとおこるばかりで、なかなか気持ちを立て直せませんでした。

子どもの姿から考える②
子どもの心に寄り添う

解説

人を求める気持ちが明確になってきた証

　友達関係が活発になってくると、事例のように「〇〇ちゃんがいい」と人を求める気持ちが育ってきます。これが明確になると、人へのこだわりとなります。3歳頃になると、このように気になって一緒にいたいと思える対人関係が生まれます。

　でもその思いには自己中心性が影響し、まだまだ自分の思いやイメージに固執し、強く主張する時期でもあります。こうしたやり取りを経験しながら、徐々に相手の気持ちに気づく力も育ってきます。

♥受け止めPoint

子どもの気持ちに寄り添うかかわりを考える

　事例のような場面では、保育者のかかわりは一つではありません。Dちゃんが自分で気持ちを立て直すのを見守りながら待つ場合もあれば、「一緒に食べたかったね。また今度誘ってみようよ」と声をかけながら、Dちゃんが気持ちを切り替えられるよう積極的にかかわっていく場合もあります。つまり、こだわっているDちゃんの育ちや心情をきちんと把握したうえで、かかわりを考えることが必要といえます。

　気をつけたいのは、「いつまでもすねていないの！」といった乱暴な言葉かけです。保育者は励ますつもりでも、子どもはわかってもらえないと傷ついてしまいます。子どもたちは、いろいろな場面を経験しながら人とかかわる力を自分の中に育てていくのです。

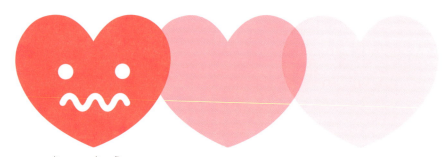

「葛藤する子ども」に寄り添う

「葛藤」と聞いて、どんな姿をイメージしますか。
思春期に悩む姿を連想する人もいるかもしれません。
でも、実は、人は0歳の頃から葛藤を抱えているといわれています。

キホンを押さえる 「葛藤」って、なあに？

「人見知り」も葛藤の表れ

　保育用語辞典*で「葛藤」を調べてみると、「心の中で同時に相反する2つの欲求が存在し、どちらにしてよいか決めかねている状態をいう」と解説しています。続いて、「仲良しの子から鬼ごっこに誘われたが、いまは折り紙をしていたい場合、その子の心の中では、仲良しの子と遊びたいという欲求と折り紙をしたいという欲求の間で迷いが生じる」という例が挙げられています。ここだけを読むと、0〜2歳児にとっては、少し先の話なのかなと感じますが、そうではありません。生後半年を過ぎた多くの赤ちゃんの「人見知り」は、「相手に近づきたいけれど、怖いから離れたい」という葛藤の表れであるといわれるようになってきています（岡ノ谷** 2013）。

子どもの姿から考える②
子どもの心に寄り添う

自我の育ちとともに膨らむ

「心の中で同時に相反する2つの欲求のどちらにするかを決めかねている状態」は、その後の自我の育ちとともに、さまざまな場面で生じてきます。「いや」「じぶんで！」と保育者を拒否しながら、「きょひしないで」「やって！」という第一反抗期の自立と依存の葛藤。そして、次第に自意識が育ち、みんなの前で「やりたい」けれど、うまくできなかったら「やりたくない」という葛藤。このように葛藤は、自我が育ってきた証拠でもあり、混乱する心理状態なのです。

安定した愛着関係が不可欠

そして、葛藤を抱えて混乱する心理状態は、子どもにとってストレスでもあります。そのストレスを乗り越え、子どもが自分を肯定的に捉え、葛藤にきちんと向き合い、成長していくためには、安定した愛着関係が成立している人に、葛藤ごと受け止めてもらうことが必要です。つまり、乳幼児期の葛藤と愛着関係は密接につながっているのです。

＊保育用語辞典（第8版　ミネルヴァ書房）より引用。
＊＊JST 戦略的創造研究推進事業 ERATO 型研究プロジェクト「岡ノ谷情動情報プロジェクト」(平成20-25年度)

葛藤
ケーススタディ
1
0歳代

じっと見ながら大泣き

　人見知りの時期に入ったMちゃん（7か月）。あまりなじみのない保育者が部屋に入ってくると、「こわいよー」と言わんばかりに大きな声で泣き出します。気持ちをほかのことにそらせようと担任の保育者がだっこをして、見えないように向きを変えても、わざわざ首をねじるようにしてその保育者を見て泣くMちゃん。そんなに怖いなら、じっと見つめていなければよいのに、と思うほど凝視して大泣きします。

子どもの姿から考える②
子どもの心に寄り添う

> 解説

近づきたい思いと離れたい思い

　Мちゃんは、見慣れない保育者に対して、ただ「しらない」という不安だけを感じているのではありません。見慣れない新しい保育者に対して、「だれだろう？」という興味や、近づきたい思いももっているからこそ、「じっと見つめる」のです。でも、Mちゃんは知らない人なので、怖い思いももっています。だから、「はなれたい」とも感じています。こうした「ちかづきたい」思いと、「はなれたい」思いを行ったり来たりする「葛藤」が、「凝視しながら大泣きする」姿となって表れているのです。

> 受け止め Point

保育者同士のやり取りを穏やかに

　保育者は、Мちゃんの「葛藤」をきちんと理解して配慮することが大事です。例えば、近づきすぎないように気をつけながらМちゃんに声をかけたり、あえてМちゃんとは目を合わさず、担任の保育者と笑顔で言葉を交わしたりする機会を繰り返しつくります。Мちゃんは、自分と愛着関係のある保育者が親しく話す雰囲気を感じることで、新しい人を安心してよい人だと思えるようになっていくでしょう。こうして、不安を感じながらも乗り越えていく体験が、ますます知的好奇心を育むことにつながります。

葛藤
ケーススタディ
2
1〜2歳代

「いやいや期」真っ最中

　自我が芽生え、なんでも自分でやりたいと保育者の手伝いを拒否するUちゃん（1歳8か月）。保育者が見ていて「ちょっと手伝ったほうがいいかな」と思う場面でも、「いいの！　Uちゃん、するの！」と主張します。でも結局はうまくいかなくて、大泣き。かと思えば「できない」と、できるはずのことも甘えてくることがあり、保育者はなんだかUちゃんに振り回されているような気持ちになることがあります。

子どもの姿から考える②
子どもの心に寄り添う

> 解説

いやいや期は再依存欲求と自立欲求の葛藤の嵐

　1歳後半から2歳代はいやいや期で、子どもは葛藤の嵐の中にいるようなものです。大人の善意の手を拒否し、なんとか自分でやろうとするけれど、結局思うとおりにはできなくて、でも、そのことを子ども自身が認めたくなくて、いらだっています。

　いらだちを保育者にぶつけて、わーっと泣いているとき、子どもは保育者の手伝いを拒否しているのですが、保育者に拒否されたくはないのです。愛着関係にある保育者だからこそ、やってほしくないけれど、やってもらえないことに不安を感じて、やってほしくもあるのです。そして、受け入れてもらえないのではないかと不安を抱えた子どもは、もう一度、保育者に依存して、関係を修復したり、保育者の気持ちを確認して安心しようとしたりするのです。

> ♥受け止め Point

行きつ戻りつしながら自立に向かう子どもを理解して

　保育者は、子どもが抱えている再依存欲求と自立の欲求という相反した欲求の両方をきちんと受け止めていくことが大事です。突っぱねながらも、保育者を気にしている子どもの気持ちを受け止め、アイコンタクトで、見守っていることを伝えます。甘えてきたときは、「いいよ」と受け止めつつ、「ここまでお手伝いするから、この後やってごらん」と見守り、できたときは一緒に喜び合いましょう。子どもは、自分の気持ちをわかって支えようとしてくれる人がいれば、葛藤を乗り越えていけるのです。

　もし、保育者が感情のレベルで受け止めて、嫌な感情をもってしまうと、子どもは再依存欲求を拒否されたと感じてしまいます。受け止めてくれない保育者の気持ちを子どもが敏感に感じとり、「きらわれた」と自己否定に向かってしまうと、子どもはますます混乱し、いつまでも自立へのハードルを越えられなくなります。

リズムあそびでの葛藤

葛藤 ケーススタディ 3 / 3歳代

　園では0歳児の高月齢から2歳児が合同で、リズムあそびを定期的にホールで行っています。1歳児の頃のLちゃん（3歳2か月）は元気で、いつも進んでやっていたのですが、3歳頃から「いいの、やらない」と尻込みするようになりました。保育者が誘っても頑としてその場を動かず、みんなが楽しそうにやっている姿をじっと見ていました。
　しばらくは同じ状況でしたが、少しずつ隅っこでやるようになり、ある日、何か吹っ切れたような表情でホールの真ん中に出てきたのです。劇的なことがあったわけではありませんでしたが、再び参加するようになったLちゃんの表情はいきいきとして、どこか誇らしげでした。

子どもの姿から考える②
子どもの心に寄り添う

> 解説

新しい力を獲得した表れ

　以前は楽しそうに劇あそびに参加していた子が、3歳頃から躊躇したり、拒否をするようになったりする話は珍しいことではありません。これは、この頃から、比べる力を獲得し、友達と自分を比べたり、「できなかったらいやだな」と思ったりするからです。しかも、この比べる力は、「できる・できない」という両極端な捉え方なので、少しでも「できない」と思ったら「絶対にできない」という思いになってしまいます。

> ♥受け止め Point

自立に向かう子どもを信頼して

　Lちゃんだけではなく、この時期の子どもたちはいろいろな場面で気持ちが揺れ動きます。でも、揺れながら、少しずつ心の中で「できそうだ」という気持ちを育てていくのです。だから、劇的な、特別なことはなくても、ある日、「やれそうだ」と思って、やってみたのでしょう。保育者として無理やり誘う必要はありませんが、「やれたらいいね」という保育者の願いを込めて見守ったり、声をかけたりすることは大事です。ただし、決めるのは子ども自身です。かかわることは必要ですが、結果を追い求めすぎていないか、振り返ってみることも必要です。子どもが自分で考えて決める時間を保障することを大切にしましょう。

葛藤
ケーススタディ
4
3歳代

ルールのある
あそびでの混乱

　Uちゃん（3歳6か月）は、鬼ごっこやしっぽ取りなどの追いかけあそびが大好き。今日もズボンに紙テープのしっぽを挟んで友達や保育者としっぽ取りを楽しんでいます。でも、いざ、自分がしっぽを取られると大騒ぎ。「とったら、だめ！」と泣いておこります。保育者が「でも、しっぽを取るあそびだから、仕方がないでしょ。じゃあ、やめる？」と言うと、「いやだ！」と、これも拒否。収拾がつかなくなり、あそびは止まってしまいます。

子どもの姿から考える②
子どもの心に寄り添う

解説

矛盾する気持ち

　Uちゃんは、追いかけるおもしろさや、取られないように走るわくわく感を楽しんでいるのでしょう。そこには、自分のしっぽを取られるということは入っていません。だから、しっぽを取られると「いやだ」という気持ちだけが募り、あそび続けたい気持ちには至らないのです。そこで、保育者があそびを続けようと、事例のような言葉をかけるのですが、ここでUちゃんは「とられるのはいや」だけれど、「やめるのもいや」という矛盾する気持ちに直面し、葛藤することになります。

♥受け止め Point

二者択一を迫らないかかわりを工夫して

　事例のような事態で大事なことは、保育者がUちゃんに「続けるの？　やめるの？」と二者択一を迫らないことです。まずは、「取られるのは嫌だけど、でもやめるのも嫌なんだよね」とUちゃんの気持ちを言葉にして、Uちゃん自身が自分の中にある気持ちに向き合えるようにかかわります。もちろん、向き合っても決断できないかもしれません。大切なことは、両方の気持ちがあることをわかって受け止めてもらえることなのです。

　では、どうしたらよいのでしょう。例えば、「じゃあ、先生と一緒にしっぽを取り返しに行こうか」と提案してみましょう。Uちゃんはどちらか一つではない新たな視点を見つけることができるかもしれません。このような経験が、葛藤を乗り越えていく豊かな手立てをもつことにつながっていきます。

　ただ、こうした提案を受け入れるかどうかは、Uちゃんが決めることです。ここで性急に「どうする？　早く決めて」と追い詰めては元も子もありません。保育者が気持ちにゆとりをもってかかわれるよう、担任間で連携することも大事です。

ワンポイント Memo

新年度の子どもと保護者の愛着関係

子どもも保護者も安心できる「別れ」を支援する

　新たに入園してきた子どもは、今までの愛着から別れるつらさを感じています。一方で同じようにつらさを感じている保護者がいます。例えば、毎朝の別れを必ず同じパターンに儀式化すると、子どもも保護者も互いに気持ちを前向きに切り替えやすくなります。ぎゅっとだっこしてバイバイするのもいいし、好きな歌を1つうたってバイバイでもいいでしょう。やり方は一人一人違います。どんな方法がいいか、見極めて提案していくことが大事です。

2人で向かい合って両手をつなぎ、歌いながら上下に揺する。

子どもの気持ちを丁寧にキャッチ

　4、5月は、新入園児だけではなく、進級児も、環境が変わったことに不安を感じていて、保護者との別れを嫌がることがあります。保護者との別れを泣いて嫌がる子どもに、「大丈夫よ、夕方にはお迎えに来てくれるからね、それまで頑張ろうね」となだめている場面に出会うことがありますが、時の概念を理解する能力が育っていない低年齢児には夕方のお迎えはイメージできません。そういうときは、「そうだよね、ママがいいよね」と、子どもの気持ちをそのまま言葉にしましょう。その日の一人一人の子どもの気持ちを丁寧にキャッチしていくことがとても大事です。

さよなら あんころもち　　　わらべうた

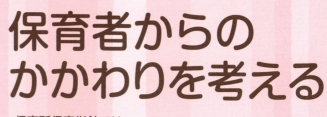

保育者からの
かかわりを考える

保育所保育指針では、
0〜2歳児の保育の重要性を再認識し、
保育士等との信頼関係についても改めてふれています。
本章では、保育者のかかわりを主軸に、
「だっこ」や「困らない子」など、
さまざまな場面を捉えていきます。

case 1　0歳代

「だっこを嫌がる」

　1歳のMちゃんは、生後10か月で入園しました。入園時、経験3年目のT先生は、緊張感をほぐし、安心できるようにと、できるだけだっこをしようとしたのですが、Mちゃんはだっこを嫌がるようなそぶりを見せました。2か月たった今でも、あまりだっこは喜びません。先輩のK先生は「敏感なのかな。かかわり方が難しいかもしれない」と言います。T先生は、だっこを嫌がるMちゃんにどうかかわっていけばいいのか迷っています。

解説　敏感な子

　Mちゃんのように、だっこを嫌がる子がいます。先輩保育者が言うように、いわゆる「敏感でちょっと難しい子」かもしれません。おそらくMちゃんの保護者も「育てにくい」と感じていたのではないでしょうか。もしかしたら、「この子は、抱かれることが好きではないんだ」と捉え、あまりだっこをしなくなっていたのかもしれません。そうしたかかわりがさらにMちゃんを「だっこを嫌がる子」にしていったように考えられます。

「だっこ」を めぐる あれこれ

　「だっこ」は、抱いている人の気持ちを通して、子どもが安心感や愛されている実感を得るスキンシップの一つですが、実際には、そうとは言えないケースもあるようです。「だっこ」をめぐる、保育者のいろいろな思いや戸惑いと、かかわりについてのアドバイスを紹介します。

保育者からのかかわりを考える

Advice
焦らず根気強いかかわりを

　こういうケースの場合、安心できる関係づくりにはそれなりの時間がかかります。人間は、本来不安な状況などに置かれると、くっついて安心する生き物です。そうやって不安を解消しながら成長していきます。ですから、保育者はMちゃんに「大丈夫だよ」と心を寄せて、「だっこされるのは嫌」という状態から、「だっこされると安心できる」という愛着関係をつくっていこうとかかわることが大切です。そして、このとき、焦らないことも大切です。3か月とか、半年とか時間をかけて、根気よくかかわっていきます。

　そのためには、Mちゃんが楽しそうにしている場面に「楽しいね」と入っていきながら、一緒にそのあそびを楽しんだり、機嫌のよいときにつんつんと足や手を触ってみたり、くすぐってみたりして、スキンシップの心地よさを感じる体験がもてるようかかわっていきます。時間がかかるかもしれませんが、将来必ず必要となる力です。子どもの状態を把握しながら、なんとか育んでいこうとかかわっていきましょう。

case 2 ０歳代

「ずっとだっこ
　しているつもり?」

　経験２年目の新人保育者Ｓ先生は、今年度、はじめて０歳児の担任になりました。生後６か月で入園してきたＫちゃんはＳ先生が担当する子の一人です。入園当初、大きな声で泣いていたＫちゃんも、少しずつ園の生活やＳ先生に慣れてきました。だっこが大好きで、最近ではＳ先生がだっこすると身体をぴったりくっつけてきます。Ｓ先生も、そんなＫちゃんとのやり取りがうれしく、Ｋちゃんが求めれば、できるだけだっこするようにしていました。

　でも、あるとき、ベテランのＴ先生から「抱き癖がつくわよ。ほどほどにね」と、やんわり注意を受けたのです。Ｔ先生から否定されたように感じたＳ先生はどうしていいかわからなくなってしまいました。

保育者からのかかわりを考える

解説 「だっこ」は大事

　以前は「抱き癖をつけると子どもの自立が遅れる」「抱き癖はよくない」というような認識がありました。でも、子どもから求められただっこは、100％応じても「抱き癖」にはなりません。むしろ、きちんと子どもの「だっこ」の要求に応じることが大切です。子どもがSOSとして泣いて「だっこ」を求めているのに、その思いに応えないことは子どもの愛着行動の育ちを阻害するかかわりです。

ワンポイントMemo　「抱き癖」
　大人が自分の都合で子どもをだっこばかりしていると、子どもは自己活動の充実感という体験が乏しくなってしまい、だっこでしか安心できなくなります。そうなると、安心感を得たい子どもは、だっこばかり求めるようになります。

Advice
「抱き癖」についての認識をみんなで改めるきっかけに

　担当制とはいえ、集団で保育をする中で、Kちゃんの求めに応じられないときもあるでしょう。そんなときは「戻ってくるから、待っててね」と、ちゃんとKちゃんのSOSは受け止めていることを伝える姿勢が大切です。自分の思いを受け止める人がいれば、「だっこ」の要求がすぐに実現しなくても、子どもは愛着関係を維持することができるようになるのです。
　「保育学」も時代とともに変遷しています。ベテラン保育者も含めて、子どもの気持ちを読み取り、「だっこ」を愛着行動という視点から一緒に考え合うきっかけにできれば、保育の質を向上させることができるでしょう。

case **3**　1歳代

「だっこしているけれど、しっくりこない」

　1歳児で入園してきたRちゃん（1歳3か月）の様子に、ちょっと気がかりなO先生は、経験4年目。1歳児の担任は2回目です。Rちゃんはおとなしい子でした。O先生はRちゃんの表情がちょっと乏しい印象がして、それとなくそばについて手あそびをしたり、だっこをしたりして、スキンシップを取るようにしていました。
　2か月たちましたが、いまだにだっこをしてもRちゃんの身体から緊張感が伝わってきます。嫌がるほどのことはないのですが、なんとなくしっくりこず、落ち着きません。
　Rちゃんは第二子で、2つ上にお兄ちゃんがいます。もしかしたら、あまり家でだっこをしてもらっていないのかなと、保護者との愛着関係も気になっています。あるいは、「こういう子かしら」とも思いはじめています。

保育者からのかかわりを考える

解説 心地よくないだっこには原因がある

　一口に「だっこ」といっても、実はいろいろなサインが隠れています。抱いている保育者も心地よさを感じるような、ぴったりくっついてくる「だっこ」は、相手を100％信頼し、愛着関係ができているだっこです。一方、事例のように緊張で身体をこわばらせる子は、抱いてくれている相手を信頼できていないと捉えるべきでしょう。なぜ、2か月もたつのに信頼してもらえないのでしょう。

　一つは、「だっこ」での安心感をもちにくい場合が考えられます。感覚過敏であったり、「だっこ」が何か怖い経験と結びついていたりすると、「だっこ」をしてもらっても、簡単に安心感をもてません。

　もう一つは、保育者に、子どもが安心できる「だっこ」を模索する意識がない場合です。子どもがどう感じるかを考えず、自分流の「だっこ」を子どもに押しつけてしまうのでは、子どもはなかなか安心感をもてません。

Advice
「だっこ＝愛着関係」というわけではない

　「だっこ」は、最もシンプルなスキンシップの一つですが、「だっこ」をたくさんすれば、必ず「愛着関係」ができるわけでもないのです。ですから、O先生は、まずRちゃんが「緊張」していることの意味を初心に立ち返って考える必要があります。

　また、別の視点から探ってみる方法もあります。どんなおもちゃやあそびに興味を示すのか、Rちゃんの様子をよく観察しましょう。楽しいこと、好きな物に共感するやり取りを重ねることも、愛着関係を形成することにつながります。

case **4** 2歳代

「だっこしているのに、満足してくれない」

　5月の誕生日で2歳になったYちゃんは、1歳児では高月齢グループにいる、0歳児からの進級児です。0歳児の後半、Yちゃんはクラスのリーダー格として、頼もしい存在でした。おもちゃを取られそうになっても、友達に「いいよ」と譲るし、保育者が月齢の低い子の世話を先にして「Yちゃん、待っててね」と頼むと、ちゃんと待っていてくれました。

　でも、1歳児に進級してしばらくすると、だっこの要求が日増しに強くなってきました。特に持ち上がりのA先生への要求が強くて、「ようやく、自分を出してきたのかな」と理解しつつも、どれだけだっこしても満足できない様子に、ときにはクラス運営に支障を来す場面もあるほどです。

保育者からのかかわりを考える

解説 発達のプロセスで見られる姿

　Yちゃんのようなケースは、珍しくないかもしれません。自我の拡大（自己主張の拡大）とともに、信頼できる保育者に自分の不安な思いをぶつけ、安心感を得たくてだっこを要求する姿は、発達の視点から考えても、ごく当たり前の姿です。ただ、それが、進級当初のまだ落ち着かない集団の中で繰り返されると、担任として困ってしまうことも容易に想像できます。しかも、それぞれが自己主張を始める1歳児では、なおさらでしょう。

Advice
観察と担任間の話し合いを

　まず、考えたいことは、「なぜ、どんどんだっこの要求が強くなるのか」です。子どもの行動には、必ず理由があります。どんな場面でその姿が強く表れるのか、観察してみましょう。月曜日に要求が多いとか、場面が切り替わるときに求めることが多いなど、Yちゃんがだっこを求めずにはいられない、共通する場面が見えてくるかもしれません。それがわかれば、対応策を見出すことができます。

　同時に、Yちゃんの要求を否定せずに応答していくにはどうしたらいいかを担任間で話し合いましょう。Yちゃんがうれしそうにしている場面や楽しそうにしている場面で、A先生以外の保育者と楽しむ経験を積み重ねていけるように支えましょう。A先生一人が責任をもつのではなく、1歳児チームとしてどうかかわるかを話し合う機会をつくることも大事です。

保育者が困らない子

保育者に自分の不安やいらら感をぶつける子がいる一方で、しいて保育者を求めたり、大きな声で泣いたりしない子がいます。保育者としては、どうしても「手のかかる子」への対応に追われがちですが、「保育者が困らない子」には、どんな配慮が求められるのでしょうか。

case 1　0歳代

「おとなしい赤ちゃん」

　K先生は、保育者になって3年目の今年度、はじめて0歳児の担任になりました。比較的月齢の高い子が多く、人見知りや後追いが始まる中、年度途中に生後3か月で入園してきたUちゃんは、入園直後からぐずったり、大きな声で泣いたりすることが少なく、気づくと一人でにこにこしている子でした。ミルクもしっかり飲み、よく寝てくれるので心配はなく、K先生は「おとなしい赤ちゃん」と思いながら保育をしています。

解説　人への関心の弱さの表れ

　生まれつき、人に関心をもつ力の弱い子どもがいます。そのまま大人がかかわらずにいてしまうと、かかわりを求めない子どもになります。研究の結果、新生児期から大人のかかわりに合わせて子どもの行動が変わることもわかっています。* 人に意識を向けても大人がかかわってくれず、安心感を獲得できなければ、子どもが本来もっている、人にかかわる力も落ちてしまいます。一見「おとなしい赤ちゃん」ですが、愛着関係をつくることが難しい赤ちゃんといえます。

＊ (Sander,L.W. 1969)

保育者からのかかわりを考える

Advice
「母子相互作用」*を意識して

　人にかかわる力を引き出すには、子どもの気持ちに合わせて、繰り返しかかわることが大切です。発達課題の一つである「母子相互作用」を意識して、感受性豊かに応答的にかかわります。例えば、子どもが不快な状態で泣いたときには、大人がその原因を取り除き、快の状態に変えながら、温かな気持ちで言葉をかけるでしょう。この一連のやり取りを通して、子どもは「サインを出すと、受け止める大人が快の状態に変えてくれる」という経験を蓄積していくのです。人を求める力はこうした経験からつくることができます。

＊母子相互作用＝ぐずった赤ちゃんに声をかけてだっこすると、泣きやんで笑いかけてくれ、そんな赤ちゃんについ声をかけるといった、大人と子どもが互いに働きかけることを重ねる中できずなが育まれていくこと。

case 2　1歳代

「いつもにこにこ誰にでもくっつく」

　Tちゃん（1歳8か月）は、こだわりなく誰にでもくっつきます。とても人なつっこい子です。保育者の膝が空いていれば、ちゃっかり座るし、どの保育者の所にも、分け隔てなく寄っていきます。いつもにこにこしているかわいい子です。
　実習生が来たときも、いち早く実習生のそばに行き、だっこをしてもらっていました。でも、実習生があやしてあそぼうかなと思うと、すっと立って、ほかの保育者の膝に座ってしまいました。実習生は「あれ？　嫌われちゃった……」とがっかり。

保育者からのかかわりを考える

解説 相手の反応を求めていない一方向性

　園生活のような大勢の子どもが一緒に暮らす場面では、事例のようないつもにこにこして、寄ってくる子は、保育者が「かわいい」「この子とは関係ができているから大丈夫」と思い、対応に困るということがありません。すっと離れていっても、「気が済んだのね」と捉えがちです。

　でも、よく観察していると、自分の思いだけで動いていて、相手の反応を意識しているわけではないことがわかります。実習生があやそうとして、それには反応しなかったことも、そのことを物語っています。自分が座りたいから座る、くっつきたいからくっつくだけ、いわば一方向なのです。愛着関係の弱い子に見られる姿です。

Advice
「人」を意識するようなかかわりを

　気づきのポイントとしては、「自分だけに来るのか、ほかのスタッフにも同じように行くのか」ということが挙げられます。もし、「私」を意識せずにほかの保育者にも行くのだとすれば、自分の所へ来たときに、ちょっと強めにぎゅっと抱き締めましょう。これは、「私」が「あなた」をだっこしていますよ、という双方向のやり取りに意識を向けさせ、同時に身体感覚においても意識させるためです。最初は少し嫌がるかもしれません。でも、強い印象を与えることが大事です。嫌がって、近づかなくなることもありますが、それも意識しているから起きることです。諦めずに声をかけながら丁寧にかかわっていくことで、次第に「人」を意識する力が育まれます。

case 1 0歳代

「ラックが いいのかな？」

かかわりを 迷う場面

子どもへのかかわり方はケースバイケースです。「どうしよう」と迷うことも少なくありません。判断を迷う場面を取り上げます。あなたなら、どうしますか？

　生後4か月で入園してきたFちゃん（5か月）は、なかなか緊張が取れず、笑顔を見せることが少ない子でした。眠りも浅く、すぐに起きてしまいます。何よりも、保育者が戸惑ったのは、5か月から始めた離乳食の場面でした。まだ姿勢が不安定なので、だっこで食べさせようとするのですが、Fちゃんは身体をこわばらせて、食べるどころではない状態です。
　保護者に家での様子を尋ねると、家ではラックにいることが多いことがわかりました。そこで、まずは、家と同じようにラックからスタートすることにしました。ラックに座ったFちゃんは落ち着いた表情を見せ、少しずつ離乳食を口にするようになりました。

保育者からのかかわりを考える

解説 客観的な観察・情報収集が導くかかわり

　5か月くらいであれば、まだ人見知りなどもなく、Fちゃんのように緊張感が強い様子を見せることはあまりありません。眠りの状態からも、やや敏感なことが推察されます。担当の保育者が、Fちゃんの全体の様子から、まず、家での食事のスタイルを確認したことや、だっこを強要しなかったことが、結果的にはFちゃんの気持ちに寄り添うかかわりとなりました。おそらく、食事のときだけではなく、あまりだっこでの安心感がもてなかったのでしょう。

Advice
安心できる環境をつくることが大事

　Fちゃんのような事例の場合、間違えやすいのは、「だっこは大事だから、だっこで安心できるように」と、だっこを強要するかかわりです。確かに、保育の理論から考えれば、「だっこは大事」です。でも、事例の保育者は、まずは、Fちゃんが安心できるラックを使うことを選択しました。保育の正論をわきに置いて、Fちゃんの気持ちを受け止め、不安に寄り添ったのです。「思いに寄り添う」と聞くと、情緒的な行為のみを念頭に置きがちですが、保育においては、客観的に事態を捉え、分析して、安心できる環境をつくることも大事です。

case 2 0歳代

「反応が弱い」

　M先生は、保育経験3年目。はじめての0歳児担任です。M先生が担当するAちゃんは、産休明けの生後2か月で入園してきました。首が据わるようになり、目覚めている時間も次第に長くなってきたAちゃん。M先生はAちゃんをマッサージしたり、あやしたりするのですが、反応が弱くて、目もあまり合いません。Aちゃんとの関係をつくろうと、5か月間、一生懸命保育してきましたが、どうも気持ちがしっくりこないようです。

　そんなAちゃんの様子を見ていたリーダーのI先生が、M先生と交代してAちゃんとあそびはじめました。I先生は、Aちゃんの顔をのぞき込みながら、声をかけてはちょっと触り、再びAちゃんの様子を確認してこちょこちょと触っています。すると、Aちゃんは徐々にいきいきとした様子を見せはじめました。だらんと垂らしていた腕にも力が入り、うれしそうにI先生に手を伸ばして触ろうと活発に動かしています。嫌なときは声を出して訴えます。同じようにしているのに、どこが違うのか、M先生にはわかりません。

解説　相手の反応を求めていない一方向性

　M先生とI先生の違いは、ほんのわずかな違い、つまり、かかわるときに一呼吸置いて、子どもの気持ちを見ているかどうかという程度です。でも、そこに寄り添う姿勢の違いがあります。M先生は、反応が弱いAちゃんから笑顔を引き出そうと、ちょっと焦っていろいろな方法でリードしていました。確かに、子どもからの反応が弱いと、保育者がリードせざるを得ないのですが、Aちゃんは不安になってしまい、心を閉ざしたのでしょう。

　一方、I先生は、「こんなのはどう？」「これは嫌いかな？」と、次の行為に移る前に、Aちゃんの反応を一つ一つ確かめています。このような子どもからの反応が弱い場合は、入園前から、Aちゃんが周囲の大人にきちんと受け止めてもらっていなかったことも考えられます。

Advice
迷ったときは専門家ならではの知恵を出し合って

　周囲の大人にしっかり受け止めてもらう経験が少ないと、それが産休明けのような低月齢児であっても、すでに人とかかわろうとする力が弱い状態になっています。そして、関係を結びにくいことがその子の個性と見なされてしまうと、月齢を重ねていく中で、ますますわかりにくく、難しい子になってしまいます。

　Aちゃんのような反応が弱い子の場合は、とりわけ繊細なやり取りが必要です。園での専門的なかかわりが、Aちゃんの今後を決めるといっても過言ではないでしょう。I先生は、一呼吸置いて、Aちゃんの反応を待ちました。このやり方になったのは、M先生のかかわりとAちゃんの反応を見て、I先生はどうかかわろうかと迷いを感じたからです。このように、子どもの反応を見ながら専門家同士がかかわりを模索していくことも、保育の専門性の向上につながります。

保育者の言葉かけが先ではない。子どもの目線を確かめながら言葉をかける。

case 3 1歳代

「ほかの子に攻撃的」

　1歳児で入園してきたSちゃん（1歳6か月）。担任のY先生（経験4年目）は、入園当初から落ち着きがなく、ふらふらすることが多いSちゃんの様子を気にしながら、見守ってきました。保育者を求めたり、訴えたりする姿が見られないことも気になっていました。いらいらしていることが多く、思いどおりにならないと泣いたり、おこったり、相手をたたいたり、またおもちゃを独り占めにするなど、攻撃的な姿も次第に増えてきています。

　どうかかわれば、Sちゃんの気持ちに寄り添えるのか、Y先生はきっかけがつかめません。周囲の子どもたちもそれぞれ自我が芽生え、自己主張が強くなって、ますますぶつかることが増えてきました。

解説　不安定な愛着関係の表れ

　特定の大人との愛着関係が希薄なまま0歳児期を過ごした場合、多くの子どもはあまり泣かなくなったり、攻撃的になったりします。無意識に「泣いても大人は助けてくれない」「自分で自分を守るしかない」と感じているからです。その子の立場で考えてみれば、相手を攻撃することで、自分を守っているのです。つまり「安心感が少ない」のです。ですから、そうした姿を見せる子に対して、「○○したらだめでしょ」と否定的にかかわることは、ますます自分で自分を守るしかないと、子どもを追い詰めることになってしまいます。

Advice
安心して自分の思いを出せるかかわりづくりとあそびの工夫を

　「どうしてこうなったか」と、原因を突き止めようとしがちですが、まずは、保育者から子どもに受け入れてもらえるかかわりをつくることが大切です。子どもの心の底にある「さびしい」という気持ちに寄り添いましょう。子どもが安心して自分の思いを出せるよう、できるだけ1対1でかかわります。保育者が両手を広げて「だっこした～い！」と、「受け止めたい」という保育者の気持ちを表現し、スキンシップを取るようにしましょう。

　そのうえで、気持ちを発散させやすいあそびを工夫してみましょう。新聞紙をたくさん破いたり、パラバルーンのような大きな布の中で風を受け止めたり、全身を使うあそびは、気持ちも解放されます。はじめのうちは、保育者の気持ちを何度も試すような姿を見せるかもしれません。そのときは、その都度、「わかっているよ」とアイコンタクトや言葉かけをしていく必要があります。

　次第にほかの子ともやり取りをし、一緒に同じあそびを楽しむことができれば、それは、「たのしい」という気持ちを共有できた安心感となるでしょう。こうした体験を積み重ねることが、ほかの子の気持ちを受け入れることにもつながっていきます。

case **4** 2歳代

「よむ！」と膝に座る

　Rちゃん（2歳10か月）は、2歳児で入園してきました。入園当初から、物おじせず、保護者から離れても平気であそんでいました。半年たっても、その姿は変わりません。絵本が好きで、いつも保育者の膝に座って絵本を読んでもらっています。けれども、保育者が読もうと絵本をめくっても、保育者の動きには無頓着で、自分のペースでめくっておしまいにします。保育者の所に「よんで」と絵本を持ってくるようなやり取りはありません。読んでほしい本を見つけると「あ、これすき。よむ」と言いながら絵本棚から絵本を持って、そのまま後ろ向きに進んできて、保育者の膝にどんといきなり座ります。保育者の様子をうかがうようなそぶりはありません。でも、やり取りがないわけではありません。絵本を見ながら「これ、しってる」と保育者に話しかけているようなときもあります。

保育者からのかかわりを考える

解説 絵本を読んでもらうときのパターン

　Rちゃんは、一見やり取りがあるようですが、絵本を読んでもらうときに、保育者の様子にはまったく関心を寄せず、自分の思いだけで座って、絵本を広げているように見えます。まさに一方向性のやり取りです。丁寧にRちゃんの言葉を拾うと、「よんで」ではなく、自分主体の「よむ」であることに気づけます。

　つまり、自分の思いにしか意識が向けられていないということです。おそらく、Rちゃんの「よむ」は、保育者の膝に座って読んでもらうものだとパターン化されているのでしょう。パターン化される行動の場面には人とのやり取りが抜けてしまいます。

Advice
「絵本を読む」パターンを崩してみる

　Rちゃんはやり取りができないわけではありませんが、パターンで場面に入る傾向もあるようです。Rちゃんがやり取りを十分に体験できるようにするために、パターンの場面を崩すことをしてみましょう。Rちゃんが「これ、よむ」と言って後ろ向きに進んできたときには「Rちゃん、ここの椅子に座って読もうか」などと言って、やり取りの場面を入れるようにしたり、保育者のほうから「Rちゃん、この絵本読んであげたいから、お膝に来て」というように積極的に働きかけたりします。パターンを崩して、やり取りの楽しさを体験することで、人への意識も豊かになっていきます。

いつも機嫌がよくない子を育てる保護者への支援

ワンポイント Memo

園生活の中で心地よさを保障していく

　子どもの中には、いつもぐずぐずと機嫌のよくない子がいます。機嫌がよくないのは、心地よさや安心感を得にくいからなのです。保護者にとっては、子どもの機嫌に振り回される、つらい育児になる場合が多く、愛着関係もつくりにくくなります。こういう子には、保護者のつらさに共感しながら、保育者が子どもの生活リズムを整え、生理的欲求にきちんと対応し、満たされた心地よさを感じられるようにしていくことが必要です。

かかわるコツを具体的に伝える

　また、子どもとかかわる際のコツを具体的に保護者に伝えることも大事です。子どものサインの読みとり方など、具体的に伝えることができれば、保護者はすぐに家庭で実践できます。それを受けて子どもは、心地よさを体験していく中で、徐々にどう要求すれば安心できるかがわかってきます。子どもが明確に要求を出せるようになってくると、育てやすくなり、安定した愛着関係をつくることができるようになります。小さな変化を一緒に喜び合い、ともに育てる仲間として保護者の育児を支えましょう。

子どもの不調と愛着

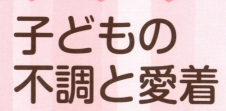

子どもたちが表す身体の不調や気になる姿には、
さまざまなサインが隠れています。
そのサインの中には、
心に不安やストレスをかかえている場合もあれば、
機能的な弱さが潜んでいる場合もあります。
よく見られる姿を取り上げて、
多面的に分析していきます。

105

case 1

食べない

例1 からだ 咀嚼（そしゃく）や嚥下（えんげ）の力が弱い

新入園児の場合、家庭で、保護者がその子に合った形状の物やメニューを整えることで、なんとか食べていたのが、園ではそういうわけにもいかず、食べられないことがあります。子どもの口の動きなどを確認しないまま、「嫌いな物だから食べられないんだ」と思って、「少しでも食べよう」「食べると大きくなれるよ」など、見当違いな言葉かけで進めてしまうことがあります。

ここがポイント！

食べている様子を観察する

子どもが食べている様子を細かく見たり、入園前の面談の記録で食事の状態を確認したりすることが大事です。保護者と連携を図りながら進めようとしても、なかなかその意図が伝わらず、かえって責められていると感じる保護者もいます。園でできるところから始めるのがいいでしょう。

子どもの不調と愛着

例2 こころ 進級に伴う不安感

新年度当初は、どの子も新しい環境に不安を感じていますが、もともと別の不安を抱えているような場合、食事や睡眠、排せつなど、生理的な場面に気になる姿が表れます。「食べない」こともその一つです。特に、2歳児から3歳児へ進級した場合、クラス担任の保育者の人数が6：1から20：1と大きく変わります。そのため、2歳児から進級してきた新3歳児は、保育者に対して、2歳児のときとは違う印象をもち、どの子も少し不安を感じています。それは、なんとなく今までみたいに一緒にいてくれないことへの不安感です。たいていの子は、保育者や友達とあそんでいるうちに、少しずつ落ち着きを取り戻すのですが、下に弟や妹が生まれたり、両親が不仲だったり、また、家を引っ越したなどの状況が生じて、すでに不安を抱えている子の場合は、さらに不安感が増幅し、「食べる」ことに無意識のうちにブレーキをかけてしまいます。

例3 こころ 保護者との愛着関係が不安定

保護者との愛着関係が不安定な子など、保育者との関係を支えにしている子にとっては、保育者とのやり取りに不安を感じると、心は落ち着かなくなります。「食べる」という行為は、生きることに直結している行為です。不安を感じる場所では、食べられません。「食べない」ことで自分を守ろうとします。

中には、保育者の不用意な言葉や配慮に欠けた対応に深く傷ついたり、反発したりして、園での食事を食べなくなる子もいます。

ここがポイント！
一人一人の安定度を確認していく

新年度のようなクラスの雰囲気が落ち着かない時期は、どの子に対しても、言葉かけや対応などを慎重にしながら、その子の安定度を確認していくことが大事です。そのうえで、安定している子は少し手を離し、きめ細かなかかわりが必要な子は丁寧に見ていくようにします。

case 2
腹痛

例1 からだ  便秘がもたらす痛みや不快感

「おなかがいたい」と訴える症状は、微熱のある虫垂炎や下痢、嘔吐とを伴う胃腸炎から起こることもあり、その場合は早急に治療が必要になりますが、発熱、下痢、嘔吐を伴わない腹痛は便秘からきていることが多くあります。自分でトイレに行き、排便の始末もできるようになると、その都度、保護者が付き添うこともなくなるため、便秘に気づかない場合があります。おなかに鈍い痛みや重苦しさを感じて、「いたい」と表現しますが、発熱や嘔吐、下痢は伴いません。ただ、便秘がひどくなると、突然転げ回るような腹痛を訴えることもあります。

健康観察で細かくチェックを

登園時の保護者とのやり取りや、連絡帳を通して、子どもの健康状態をしっかりチェックしましょう。便が出ない状況があまり長く続くと、腸閉塞のようなひどい痛みを伴います。また、直腸内に大きな便のかたまりができて、便意自体が鈍くなることもあり、「たかが便秘」と軽く見るのは禁物です。

チェック項目例

- ☐ どれくらいウンチが出ていないか。
- ☐ 発熱はないか。
- ☐ 下痢、嘔吐はないか。
- ☐ 前日の夕食、今朝の朝食と、食事は普通に食べられたか。
- ☐ 普段から便秘の傾向があるか。

子どもの不調と愛着

例2 こころ 登園したくない不安の表れ

登園前、「おなかがいたい」と訴えるのですが、登園してしばらくすると、けろりとして元気にあそんでいることがあります。「仮病」と疑う保護者もいますが、本当に痛いのです。これは、何か登園したくないストレスが不安となって、その子の身体のいちばん弱いところに表れている、心身症＊の一つと推測されます。ほかに、嘔吐を繰り返す自家中毒や頭痛、気管支喘息などもあります。心身症では、腹痛など身体症状を訴えることはあっても、不安に対して適切な自覚がないので、周りも気づきにくく、そのために蓄積した不安が身体臓器を通して表現されます。

＊心身症＝心身症は身体の病気だが、その発症や経過に「心理・社会的因子」が大きく影響している。

ここがポイント！

子どものつらさに寄り添う

「おなかが痛くなって、つらかったね。何か嫌なこと、あったかな？」と言葉をかけ、子ども自身が抱えているストレスに気づけるようにします。保育者が子どものつらさに心を向けることで、子ども自身がゆとりをもってストレスに向き合うことができるようになります。

保護者への対応は慎重に

子どもが抱えているつらさに気づいてもらえるようなアプローチをしたいですが、保護者によっては、わかっているけれど気づきたくない人もいます。中には、「先生に何か言ったの？　ママがしかられちゃったわよ」と、子どもに返してしまう保護者もいます。まずは、リーダーや主任に相談するようにしましょう。

case 3

チック症

例1 からだ 脳の働きの一時的な偏り

チック症には、運動性チックと、音声チックがあります。以前は、ストレスが原因の心の問題と捉えられていましたが、現在は、発達途上の脳の働きが一時的にバランスを崩すことが原因とわかっています。

運動性のチックは、顔から始まり、首、肩、腰、足、全身の順に重くなると考えられています。まばたきや眼球の回転、首振り、肩上げなど単純な動きや、鼻をこする、身体をくねらせる、物を触るなどの動きも見られます。

音声チックは、せき払い、鼻やのどを鳴らすなど、言葉にならない音や、自分が言った言葉や音、他人が言った言葉、「ばかばか」「ウンチ」といった汚言などを繰り返します。

ここがポイント！
ほとんどが一過性

チック症は、3～10歳頃の男児に多く見られ、約10％の子どもが経験します。ほとんどが一過性で、9割以上が1年以内に消失します。発達とともに脳の機能のバランスが取れ、神経伝達がスムーズになってくれば消失するので、心配することはありません。

慢性的に続くものもある

1年以内に消失するチック症とは異なり、重症のものを「トゥレット症候群」といい、医学的な治療が必要となります。500～1000人に1人が発症するといわれています。

子どもの不調と愛着

表れるタイミングは子どもによって違う

　チック症の発症原因は、一時的な脳の機能によるものですが、その症状が表れるタイミングには心理的な要因があります。発表会のような緊張する場面ではチックが生じやすくなります。このように不安が強いときには、まばたきチックなどが見られます。逆に、遊園地に行って楽しいときにも表れます。つまり、強くストレスがかかるときだけではなく、すごく楽しいときにも生じることがあります。いつ表れるかは、大きな気持ちの変動に影響を受けやすいことがわかっています。

気にしない 意識させない

　症状が表れるタイミングは気持ちに影響を受けます。また、どの子も表れた症状を自分の意思で抑えられるわけではないので、周囲の大人が気にして「やめなさい」と止めることにはなんの意味もありません。むしろ、気にせず、本人にも意識させない対応が求められます。また、不安で起きることもあるので、安心させることも大切なかかわりです。

保護者と一体になって丸ごと受け止める

　子どもにチック症状が表れると、保護者は、自分の育て方がよくなかったのか、何か大きなストレスを与えているのかと思い、不安になってしまいます。中には、その不安から無理に止めたり、しかったりすることがあるので、保護者の不安を聞き取り、チック症の基本を改めて認識できるよう、支えていくかかわりが大事です。園と家庭が一体となって「チックのある子ども」を丸ごと温かく受け止めることが必要です。

case 4

性器いじり

例1 からだ 探索行動の一つ

　子どもの性器いじりは、発達過程で見られる自分の身体への探索行動の一つです。自分の身体を探索しながら、気持ちのよい感覚に出会うと、それが習慣化して性器いじりになります。子どもの約1割に見られ、正常な発達の中で見られるものと考えられます。

ここが ポイント！

行為自体を否定的に捉える言葉かけはNG

性器いじりはやってはいけないことではありません。「やめなさい」と強い調子で止めるのではなく、「汚い手で触ると、ばい菌が入っちゃうよ」「あなたの大切な場所だから、人に見せたり、人の前で触ったりしないようにね」と、気をつけなくてはいけないことを知らせましょう。

子どもの不調と愛着

例2 からだ  かゆみや炎症

性器いじりのきっかけの約4割は、尿道感染や寄生虫によるかゆみ、炎症が原因といわれています。また、性器いじりの結果として炎症が起きている場合もあります。

原因を取り除くために

かゆみや炎症が原因の場合には治療が必要になります。保護者に、性器いじりの姿についてはあまりふれず、「かゆみがあるようなので」と、小児科の受診を勧めましょう。

例3 こころ 不安や緊張によるストレス

弟妹の誕生や両親の離婚、病気など、環境の変化によるストレスが原因となり、性器いじりを始めることがあります。幼児期の指しゃぶりに共通する姿です。一種の「生きる知恵」ともいえます。この場合には、安心感を実感できるかかわりが必要です。性器いじりを否定的に捉え、叱ってしまうと、子どもは、行為自体に罪悪感をもって、かえってこだわってしまいます。また、さらにストレスを抱えさせてしまうことになります。

安心できるかかわりや配慮を

気持ちがなんとなくぐずぐずしていると、性器いじりに気持ちが向きがちです。保育者にだっこしてもらう、身体を動かしてあそぶ、友達と一緒に何かを作るなど、その子にとって、気持ちを発散できることはどんなことか探していきましょう。そして、子どもの緊張感や不安を解消できるように子どもの気持ちにしっかり寄り添い、安心感を保障します。

case 5
おねしょ

 ぐっしょり多尿型

夜間睡眠中の尿量が多すぎて、おねしょとなってしまうタイプで、抗利尿ホルモンの分泌不足が影響しています。「抗利尿ホルモン」とは、夜中におしっこを作ることを抑える働きをするホルモンです。このホルモンは、夜間睡眠が安定するにつれて、分泌が盛んになります。つまり、眠りと目覚めを繰り返す赤ちゃんの頃の多相性睡眠から、夜から朝までまとめて眠る単相性睡眠へと発達、移行するにつれてホルモンの分泌量が増え、夜間尿量が減少していくのです。その結果、ぐっしょり多尿型のおねしょは徐々に卒業していきます。

子どもの不調と愛着

例2 からだ  ちょっぴり頻尿型

機能的に膀胱の容量が小さく、夜間睡眠中に十分に蓄尿できない状態によるおねしょを「ちょっぴり頻尿型」といいます。ヒトは眠っている間は、抗利尿ホルモンが働いたり、膀胱におしっこがたまっても尿道括約筋がぎゅっと閉まっていたりして、無意識に出さないようにしています。でも、膀胱容量が小さすぎると、あふれて出てしまいます。

このタイプの場合は、昼間も頻繁におしっこに行くので、予測しやすいかもしれません。医療機関で治療が必要と判断された場合は、膀胱を大きくするための我慢尿訓練を行い、少しずつ卒業を促します。

夜中に起こすのは原則的にはNG

おねしょの原因を「目覚めないため」とする向きがありますが、おねしょと目覚めは無関係です。むしろ、夜間に強制的に覚醒させることによって、子どもの自然な睡眠リズムを破壊し、結果的に抗利尿ホルモンの分泌が減少し、ぐっしょり多尿型のおねしょが固定してしまうことがあります。

おねしょを卒業していく過程で、一過性の姿として、就寝後2時間前後で自然覚醒してトイレで排尿する幼児が約2〜3割いますが、多くの幼児は中途覚醒することなく卒業していきます。ただ、お泊まり保育など、おねしょをしたらみんなに知られてしまうというピンポイントな場面では、起こすこともOKです。

例3 からだ 混合型

「ぐっしょり多尿型」と「ちょっぴり頻尿型」の両方を兼ね備えているタイプです。抗利尿ホルモンの分泌が少なくて夜間の尿量調節がうまくいかないばかりか、機能的に膀胱容量も小さいままとどまっているので、卒業していくには少し時間がかかる状態です。

ここがポイント！
小学校に入るまでは見守って

おねしょをしている子どもを調べたところ、3歳代42.3%、4歳代29.6%、5歳代16.6%と、かなり高い数字が報告されています。医療機関にもよりますが、受診、治療の目安は小学校に入ってからです。保育園・幼稚園時代は、個人差があり、また生理学的に起きても不思議ではないので、治療対象とはしないケースがほとんどです。保護者から相談があった場合、保護者の気持ちに寄り添いながら、正しく認識できる情報を伝えましょう。

水分をとりすぎない味付けをアドバイス

味の濃い料理や、塩分の多いお菓子を食べると、のどがかわいて水分を多くとるようになり、どうしてもおねしょになりやすくなります。しかし、水分を多くとることが習慣化している子どもたちに、「夕方からは飲むのをやめようね」と我慢させるのは難しいことです。水分を多くとらなくても済むようなメニューを考えていくほうが大事です。園での食事やおやつは薄味なので、このアドバイスはどちらかというと保護者向けになります。伝え方には配慮が必要です。保護者から相談があった場合は、看護師、栄養士、園長と相談しながら、慎重に対応します。

例4 こころ 再発はストレスの表れかも

　おねしょになる原因の半分は、未成熟な身体の機能により、もう半分は、心の中のストレスによるといわれています。一度は治ったはずのおねしょが、4～5歳でまた始まった場合、その多くが心因性によるものと考えられます。というのも、「一度は治った」のであれば、身体の機能は出来上がっており、おねしょをする状態ではないからです。つまり、寝ている間は尿を作らないようにする抗利尿ホルモンの分泌が整い、尿をためておく膀胱容量も大きくなっているということです。にもかかわらず、またおねしょが始まったということは、子どもの心からのＳＯＳかもしれません。

ここがポイント！

日々の子どもの様子を観察する

　再発だけでなく、「ずっとしていなかったのに幼児期後半で突然始まった」というケースも、原因として心のストレスが予想されます。例えば、母親の出産、両親の不仲などによる寂しさや不安感、あるいは過度の緊張を抱えていると、「赤ちゃんに戻ってママに甘えたい、自分のほうを向いてほしい」という子どもの中の無意識の欲求が、おねしょという形で出ていることが考えられます。こういう場合、昼間の言動でもいつもとは違う様子が見られるかもしれません。注意深く観察してみましょう。

case 6
昼間頻尿

例1 からだ  排尿を意識する

トイレットトレーニングを始めた頃は、子どもの意識が排尿に向くために、排尿感覚をもちやすくなり、頻繁に「おしっこがでる」とトイレに行きたがることがあります。

ここがポイント！

原則的には子どもに合わせて

トイレに行って、おしっこが出るときもあれば、おしっこが出ないときもあります。10〜15分おきなど、あまり頻繁でなければ、子どもの訴えに合わせてトイレに連れていくようにします。

子どもの不調と愛着

例2 こころ 頻繁に尿意を訴える

過度なトイレットトレーニングによって、失敗する不安感からストレスが高まって、実際には膀胱（ぼうこう）におしっこがたまっていなくても、おしっこがたまっているように感じます。そのために頻繁に尿意を訴えますが、トイレに行ってもおしっこが出ないことがあります。その繰り返しから、「おしっこがしたい」と言うと、保育者から「本当に出るのかしら？」と思われてしまいます。

ここがポイント！

SOSのサインと捉えて

「うそを言っている」といった見当違いな解釈をしている場合があります。子どもは、言いたくて言っているのではありません。頻尿によって心のバランスを保っているのです。
ですから、頻尿という姿でSOSのサインが出ていると捉えることが大事です。子どもが出しているサインがなぜなのか、保育者が気づくことで、深刻になる前に対応ができるというのは、実はメリットなのです。子どもからのSOSを丁寧に受け止め、こまやかな対応を考えていきましょう。

あれ？また？

おしっこ…

トイレ

case 7

指しゃぶり

例1 からだ 眠いときなどの指しゃぶり

テレビを見ているときや、布団に入った後の指しゃぶりは、5歳児であっても気にする必要のないケースです。行動療法として、指にばんそうこうをはったりして、指しゃぶりをしようとしたことに子ども自身が気づけるようにする方法や、指しゃぶりをしなかったらご褒美をあげることで、指しゃぶりをしないでもいられる自分に自信をもてるようにするという方法もありますが、そこまでする必要はないでしょう。成長とともに減少していきます。

ここがポイント！

専門によって見解は違う

指しゃぶりについては、場面の状況や頻度によって判断が必要ですが、一般論として小児科医、小児歯科医、公認心理師・臨床心理士と、それぞれの専門によって捉え方が違うことを保育者として知っておきましょう。保護者に説明をするときに役立ちます。

小児科医の場合は、指しゃぶりは生理的な人間の行為だから、子どもの生活環境、心理的状態を重視して無理にやめさせないという意見が多いです。小児歯科医の場合は、口腔機能を健全に発達させる観点から、4〜5歳を過ぎた指しゃぶりは指導したほうがよいという意見が多いです。さらに心理の立場になると、子どもからのSOSと捉える場合もありますが、幼児年齢であれば、そこまで神経質に捉える必要はないとする場合もあります。

子どもの不調と愛着

例2 こころ 指しゃぶりをしていてあそばない

　日中、園でも指しゃぶりをしていることが多く、あまりあそばなかったり、ごろごろしていたりする場合は、2歳であっても、対応を考えたほうがいいでしょう。友達や保育者とのやり取りを楽しむ時間帯に、こうした姿を見せる場合は、その子が何か不安を抱えているか、あるいはあそびへの自発的な意欲が育っていないと考えられます。保育者は、あそびを通して積極的にその子どもとかかわり、安心感をもてるようにする必要があります。

ここがポイント！

子どもをよく観察する

子どもの心はとても繊細です。例えば、友達とけんかをしたり、保育者からちょっと注意を受けたりした後に、無意識のうちに指しゃぶりをして、心のバランスを取ろうとする姿もあります。こうした姿までも、「問題行動」と決めつけてしまうと、対応を誤ってしまいます。まずは、気になる子どもの様子を継続的に観察し、記録を取るようにしましょう。

例3 こころ 保護者が気にしている

　保護者が指しゃぶりを非常に気にしていたり、指しゃぶりが頻繁で吸い方も強いため、指に吸いダコができていたりする場合は、親子関係に何か問題があるかもしれません。親子に対して小児科医や小児歯科医、公認心理師、臨床心理士による対応が必要なことがあります。

ここがポイント！

冷静な対応を

保護者が気にしているのはなぜか、丁寧に話を聞きましょう。指しゃぶりの弊害を気にして、子どもに指しゃぶりをやめさせた結果、不眠になったという例もあります。行動面のみへの安易な解決策に走ってしまわないよう、総合的に判断することを意識して対応することが大事です。

子どもの不調と愛着

吃音(きつおん)

例1 からだ 思いと発達のズレから生じる生理的吃音

　いっぱい話したいという意欲がおう盛だったり、難しい言葉を話そうとしたりする子どもの思いと、構音器官（口の器官）の発達がずれて生じるものを生理的吃音といいます。意欲に発達が追いついてくれば、自然消失していくことが多いですが、完全治癒率については、さまざまな報告があり、軽はずみに「必ず治ります」といった対応は控えるべきです。吃音の出方は一様ではなく、「おおおおおかあさん」のように第一音を繰り返す連発性のものと、「おーかあさん」のように引き延ばす伸発性のもの、「……おっかさん」のように詰まって発音できない難発性のものがあります。

特徴を把握して

生理的吃音には、その症状に変動が大きいことや、タ行や母音（アイウエオ）など、吃音が出やすい音があることなどの特徴があります。また、チックと同様に、緊張するときに出やすい場合もあれば、逆にリラックスしたときに出やすい場合もあります。だから、家に帰って、ほっとした途端に吃音になるという子もいます。

例2 こころ 不安やストレスからの心理的吃音(きつおん)

　2歳代で、生理的吃音が起きたときに、それをからかわれたり、言い直しをさせられたりするストレスや不安がかかると、心理的な吃音となり、続くことになります。また、一度吃音が消失したのに、再度始まったときにもなんらかの心理的ストレスによる吃音と考えます。

子どもの不調と愛着

出はじめの頃は
本人は気にしていない

子どもは当初、自分の吃音を意識していないことが多いです。でも、第一音がなかなか出なかったり、第一音から先が出てこなかったりすると、子どもは力をふりしぼってでも言葉を出そうとします。そばで見ている保育者も、一緒に力が入ってつらくなるかもしれません。そういうときには抱きしめながら言葉を継いだり、子どもに合わせて言葉を補ったりしましょう。こまやかな対応が大事です。

○○ね

自己肯定感を高めるかかわりを

吃音が出たときには、「わかった。○○なのね」と、子どもの話を理解していることを示したり、特定の音で吃音が出る場合は、ほかの言葉に言い換えたりして、配慮します。吃音が出たときに「見て見ぬふり」で対応することも大事ですが、さらに一歩踏み込んで、「確かに言葉に詰まることがあるけれど、△△ちゃんにはこういうことができるよね」とその子のよさを認めることが、「自分はこのままでいいんだ」という自己肯定感を高めていきます。

case 9

夜驚症
やきょうしょう

 例1 からだ 夜驚症とは違う「夜泣き」

「夜泣き」は、寝ていて突然に大きな声で泣きます。ただ、浅い睡眠のときに起こるので、部屋の電気をつけたり、声をかけたりすると、多くは目を覚まして泣きやみます。夜驚症と似ていますが、まったく違う睡眠障害の一つです。

 例2 からだ 夜驚症とは違う「夢遊病（夢中遊行）」

「夢遊病」は、「ねぼけ」とも呼ばれます。夜中にむっくり起き上がりぶつぶつ寝言を言ったり、起き上がってうろうろと部屋の中を歩き回ったりします。夜驚症と違い、恐怖やおびえがありません。ただ、夜泣きと違って、深い睡眠のときに起きるので、起こしても目を覚ますことはほとんどありません。

夜驚症の特徴を知る

夜驚症は、眠って1〜3時間くらいの深い睡眠（ノンレム睡眠）のときに、恐怖やパニックに襲われる症状で、睡眠の覚醒障がいの一つと考えられています。大きな声を出して起き上がったり、おびえたように室内を歩き回ったり、手足を動かしたりします。起こそうとしても、意識は深い睡眠のままなので、起きることはありません。通常は、30秒から5分くらいで症状は治まり、何もなかったかのように、ことんと眠ってしまいます。翌朝には何も覚えていないことが多いです。

例3 こころ 父親への恐怖

　父親によるDV（家庭内暴力）の中で育った2歳児は、母親が父親にたたかれる姿を目撃し、自分も父親にたたかれてしまうことがありました。別に暮らすようになった後も、昼間、父親を連想させるものにふれると、夜中に夜驚症が出てしまうことがありました。

不安を感じやすい子に出やすい

強い恐怖を体験すると、不安を感じやすい子は、ちょっとしたことで怖いと感じたり、異変をキャッチしたりして、そのことから夜驚症が出てくる場合があります。昼間の過度な精神的興奮や、緊張などが引き起こす場合もあります。

場合によっては医療機関への受診を

夜驚症は、だいたい一晩に1〜3回ぐらい起きますが、徐々に減って、たいていは6か月以内に消失します。つらそうに見えますが、本人の健康には影響しないとされています。
しかし、夜驚症が頻繁に起きるようであれば、トラウマ的な出来事がストレスになっている可能性があります。その場合には小児科や小児神経科などでの相談を検討してもらうとよいでしょう。

profile 帆足暁子 (ほあし あきこ)

大妻女子大学児童学科卒。専門は、乳幼児発達臨床心理、保育臨床、子育て支援、子どものメンタルヘルス。公認心理師、臨床心理士、幼稚園教諭、保育士の資格をもち、約20年間ほあしこどもクリニック副院長として、子育て相談やこころの相談で子どもや親と向き合ってきた経験を基に、親子を支援することを目的とした「一般社団法人　親と子どもの臨床支援センター」代表理事に就任。また、保健センターでの虐待発生予防事業等に携わる。公益財団法人母子衛生研究会インターネット相談室相談員。月刊母子保健編集委員、全国保育士会研究紀要編集委員、一般社団法人全国病児保育協議会理事。
東京家政大学 非常勤講師。保育者向けの研修会では「愛着」や「気になる子ども」をキーワードにした講演を全国で行っている。
＊親と子どもの臨床支援センター　https://oyatokodomo.jp/introduction.html

主な著書
『育てにくさをもつ子どもたちのホームケア』（分担執筆／診断と治療社 2012）
『必携 病児保育マニュアル』（分担執筆／全国病児保育協議会 2014）
『実践 保育学』（分担執筆／日本小児医事出版社 2014）

staff

表紙・カバーデザイン・イラスト ● 長谷川由美
カバー写真 ● GOOD MORNING（戸高康博）
本文デザイン ● 長谷川由美　千葉匠子
本文写真 ● GOOD MORNING（戸高康博）　谷村安子　中重直俊　中野明人　帆足暁子
イラスト ● セキ・ウサコ　Spice（すみもとななみ）
企画・編集 ● ほいくりえいと（中村美也子）　リボングラス（若尾さや子　篠崎頼子）

校閲 ● 草樹社